HISTORIQUE

DE LA

COMMUNAUTÉ DES SOEURS HOSPITALIÈRES

DE NOTRE-DAME DES SEPT-DOULEURS

ET DE SAINTE-MARTHE

AMIENS

Tout ce que vous faites au plus petit des miens, c'est à moi-même que vous le faites.

(*Parole de Notre-Seigneur*, évangile de saint Mathieu, ch. xxv, ỳ. 40.)

IMPRIMERIE DE MONTLIGEON

LA CHAPELLE-MONTLIGEON (ORNE)

1923

HISTORIQUE

DE LA

COMMUNAUTÉ DES SŒURS HOSPITALIÈRES

DE NOTRE-DAME DES SEPT-DOULEURS

ET DE SAINTE-MARTHE

NIHIL OBSTAT

Frédéric LAMY, *censor*.

IMPRIMATUR

Ambiani, die 25a septembris 1923.

L. GLORIEUX, *v. gén.*

HISTORIQUE

DE LA

COMMUNAUTÉ DES SOEURS HOSPITALIÈRES

DE NOTRE-DAME DES SEPT-DOULEURS ET DE SAINTE-MARTHE

AMIENS

Tout ce que vous faites au plus petit des miens, c'est à moi-même que vous le faites.

(*Parole de Notre-Seigneur*, évangile de saint Mathieu, ch. XXV, ỳ. 40.)

IMPRIMERIE DE MONTLIGEON
LA CHAPELLE-MONTLIGEON (ORNE)

1923

AVANT-PROPOS

J'ai cru qu'il serait agréable aux Sœurs Hospitalières de Notre-Dame des Sept-Douleurs et de Sainte-Marthe d'avoir des notions précises sur l'origine de leur petite société. Et l'heure m'a paru propice, alors que les témoins de la fondation commencent à devenir rares, si tant est qu'il en existe encore. Les amis des Sœurs et les nombreux vieillards qu'elles abritent dans leurs maisons ne seront pas fâchés, je pense, de connaître celles qui furent au début les instruments dont Dieu a voulu se servir. Tel est le but de cet historique.

Si quelques jeunes filles parmi celles qui ont reçu du Ciel l'amour de tout ce qui souffre et le désir de soulager la misère, trouvent dans cette brochure le flambeau qui dirigera leurs pas, facilement je me contenterai de cette récompense.

Amiens, 15 septembre 1923.

J. Cauet.

I

La Communauté des Religieuses de Notre-Dame des Sept-Douleurs et de Sainte-Marthe

La Communauté des Sœurs Hospitalières de Notre-Dame des Sept-Douleurs et de Sainte-Marthe.

CETTE Communauté, qui compte environ cent cinquante membres, est diocésaine. Elle a pour mission de se dévouer aux soins de toutes les personnes souffrantes, et en particulier des personnes âgées et infirmes. Elle a débuté bien modestement, par quelques pauvres sans abri ou à peu près, qu'une pieuse jeune fille recueillit; le nombre augmentant, il fallut aviser et grâce à la Providence, des chambres et des aides furent trouvées — et plus tard des hospices proprement dits furent ouverts. Des hospitalisés ayant manifesté en plusieurs endroits le désir d'avoir une chambre particulière, on leur accorda cette faveur : de là vinrent les maisons de retraite pour les personnes âgées. Des prêtres malades ou fatigués demandèrent à y être reçus; Mgr Bataille fut très heureux de leur ouvrir la porte. Il est facile dès lors, d'après le simple exposé, de voir le but de cette Communauté relativement récente.

Le costume de ces religieuses est plutôt sévère et fait impression au premier abord. Associées à l'archiconfrérie de Notre-Dame des Sept-Douleurs, elles font profession de porter toute leur vie le deuil de Marie, leur mère, en n'ayant que des vêtements noirs auxquels s'unit la seule couleur violette. Au-dessus d'une robe assez ample et à larges manches, maintenue par une ceinture, elles ont le grand scapulaire noir, donné par la Sainte Vierge aux Fondateurs des Servites. Leur voile assez ample pour couvrir les épaules, est maintenu au-dessus du front par la coiffe noire formant sur le devant une sorte de visière. Elles ont, suspendu à la ceinture, un long chapelet des Sept-Douleurs.

Les manches de leur robe relevées sur le bras sont garnies d'une bande violette de la largeur de celle qui supporte sur leur poitrine une médaille de Notre-Dame des Sept-Douleurs et une croix d'argent.

Jusqu'à la guerre de 1914, les Sœurs se firent quêteuses comme dans beaucoup de Communautés, pour venir en aide aux pauvres qu'elles recueillaient. Aujourd'hui, la quête est devenue impossible, surtout dans les régions dévastées.

Cette difficulté ajoutée à la vie chère impose aux Sœurs l'obligation de demander une plus grande rétribution. Leurs maisons sont toujours bien peuplées quand même, et si les Sœurs étaient plus nombreuses, elles pourraient trouver place pour leur dévouement : la souffrance n'a pas quitté la terre, il s'en faut.

La Maison-Mère de la Communauté est sise à Amiens, rue Martin-Bleu-Dieu, n° 39 (1).

La Révérende Mère Fondatrice, Mère Marie des Sept-Douleurs.

La Communauté eut comme fondatrice et première Supérieure Générale la Mère Marie des Sept-Douleurs, dans le monde Mlle Louise Glavier.

Née à Valenciennes (Nord) le 17 septembre 1825 d'une modeste et honnête famille de commerçants, la pieuse jeune fille vécut chez ses parents jusqu'en 1848, époque de la mort

(1) La rue Martin-Bleu-Dieu doit son nom, dit Mme Barat dans son *Journal de la Probation* du 21 novembre 1861, à la présence d'un Père éternel habillé de bleu, placé dans une niche de la maison Martin.

Cette rue s'appelait autrefois, peut-être quand elle fut brûlée avec la rue Voclin, Cuignes-Rusques.

Elle est célèbre, à plus d'un titre : Mme Barat, aujourd'hui la Bienheureuse Mère Sophie Barat, fondatrice de la Société du Sacré-Cœur, y a enseigné et même, dit-on, y fut favorisée d'une apparition de Notre-Seigneur en personne. C'est donc là qu'est le bureau de l'Institut du Sacré-Cœur.

C'est dans cette rue aussi qu'est né, le 23 octobre 1844, M. Branly, le grand et modeste inventeur de la télégraphie sans fil; son père était à cette époque, maître d'études au Collège royal d'Amiens, qu'il quitta bientôt pour aller à Saint-Quentin.

Enfin, M. Caille, fondateur du patronage des apprentis qui porte son nom, a demeuré dans cette rue au n° 2.

de sa mère; elle avait 23 ans. Son père s'étant retiré avec un fils, elle en profita pour réaliser son plus grand désir qui était de devenir religieuse. Elle entra comme postulante dans une maison des Petites-Sœurs des Pauvres à Lille et fut admise à faire son noviciat en Bretagne. Elle n'y resta que peu de temps et sans s'expliquer pourquoi, elle en sortit pour revenir chez son frère. Cependant au bout de quelques semaines, son désir de rentrer chez les Petites-Sœurs des Pauvres se réveilla plus vif que jamais; mais la règle défend de reprendre un sujet qui a quitté une fois la Congrégation, et ni les supplication de la postulante, ni la considération d'un long et pénible voyage, ni l'intercession du vicaire général de Rennes, ni le désir des supérieures de la Maison de Bretagne ne fléchirent la Supérieure Générale. Louise Glavier reprit le chemin de Valenciennes. Là, une famille chrétienne qui l'estimait beaucoup la reçut, mais ne parvint à la garder que quelque temps; car un nouveau réveil de la vocation religieuse se manifesta bientôt. Elle partit donc pour Lille et devint garde-malade de Mme Tranin, la mère du P. Jésuite qui porte ce nom. Peu après, elle fit quatre mois de postulat chez les Sœurs de Bon-Secours de Paris. Admise à la prise d'habit, Louise Glavier déclara, au moment d'entrer en retraite, qu'elle ne se croyait pas dans sa voie et quitta la Communauté sans savoir où diriger ses pas. Ainsi ballottée, elle hésita entre Bordeaux et Amiens. C'est à Amiens que la Providence l'attendait. Les Sœurs du Saint-Esprit la reçurent comme pensionnaire, puis l'engagèrent après quelques semaines à se joindre à elles. La voilà devenue postulante : cette fois, c'est la Communauté qui fit défaut, elle fut dissoute, c'était en 1856 ou 1857.

Les supérieurs ecclésiastiques engagèrent Louise Glavier, appelée Sœur Vincent, à ne pas laisser tomber l'œuvre des Religieuses : ces Dames donnaient asile aux domestiques sans place et dirigeaient aussi une œuvre de Dames pensionnaires. Après bien des hésitations, encouragée par ses guides spirituels, Sœur Vincent dut abandonner l'œuvre des domestiques pour se consacrer uniquement aux Dames pensionnaires. Cette dernière œuvre existe encore aujourd'hui pour nos Religieuses de Notre-Dame des Sept-Douleurs et de Sainte-Marthe; sur elle se sont greffées leurs deux autres œuvres : les pauvres abandonnés des campagnes, les prêtres infirmes ou en retraite.

Sœur Vincent opérait ingénieusement sur un bien modeste théâtre, elle habitait une chambre unique rue Saint-Jacques dans la pension de Mlle Mercier et trouvait le moyen d'y garder des pensionnaires.

Un trait de touchante charité nous permet de croire qu'en 1859 environ, son installation, rue Saint-Dominique, n° 4 était moins exiguë. Une dame dont notre héroïne n'a jamais su le nom, touchée de son assiduité auprès de ses pauvres pensionnaires, lui envoyait de temps en temps sa bonne pour les garder et permettre à leur Mère adoptive de les quitter sans scrupule pendant les instants qu'elle restait à l'église.

Après deux ou trois ans ainsi passés, Sœur Vincent reçut une jeune fille venue à Amiens pour se rendre utile; elle s'appelait Marie Berquer; née à Pendé (Somme), elle avait 23 ou 24 ans. Elle rêvait, elle aussi, de se dévouer, sans savoir bien à quelle œuvre; elle se mit au service de Sœur Vincent. Elle partageait ses travaux depuis quelque temps, quand une nuit, traversant le corridor de la maison qu'elles habitaient alors, rue de l'Aventure, n° 9, elle heurta du pied un objet. Elle prend une lumière, et que voit-elle? La maîtresse de la maison qui dormait à terre, la tête appuyée sur une caisse de bois : elle avait donné son lit. Ce fut le trait vainqueur. Le lendemain, Marie Berquer sollicitait la faveur de s'attacher à Sœur Vincent et elle ne la quitta plus. Avec permission elle prit le nom de Sœur Marie de Saint-Joseph.

On rencontre divers héroïsmes au début de toute fondation religieuse, comme on y rencontre toutes sortes d'épreuves, de contradictions et d'obstacles. Rien de tout cela ne manqua à l'œuvre naissante, qui vingt fois menaça de sombrer et qui eût sombré en effet, si le doigt de Dieu n'avait été là et si son esprit n'avait animé ces ouvrières de la première heure. Pendant 16 ans, les deux compagnes recueillirent tout ce qu'elles purent de malheureux, de déshérités, se firent mendiantes pour eux, n'ayant de règle que le bon plaisir de Dieu et le désir de lui plaire.

En 1863, le 1er août, elles quittèrent leur maison de la rue de l'Aventure pour s'établir rue Deberly, 21, et passage des Capucins, nº 10. — C'est là qu'en 1869, elles recevaient sur la présentation de M. l'abbé Limichin, supérieur de l'École Saint-Martin et avec l'approbation de Mgr Boudinet, le premier de leurs prêtres infirmes et en retraite, M. l'abbé Pajot, ancien curé de Neuville-Coppegueule. Quelques mois après, plusieurs autres prêtres obtinrent la même faveur. Dès lors, l'œuvre des prêtres en retraite était fondée.

Soutenue, encouragée par le R. P. Gugholtz, aidée par la Sœur Marie de Saint-Joseph et quelques personnes de bonne volonté, ma Sœur Saint-Vincent, devenue ma Mère des Sept-Douleurs depuis 1878, mais toujours aussi modeste, continua son œuvre, et elle eut la joie de la voir prospérer et grandir au-delà de tout ce qu'elle avait pu espérer.

Quand elle mourut en 1898, la Communauté était approuvée depuis longtemps déjà; la Maison-Mère, celle de la rue Deberly étaient en pleine prospérité; Bacouel comptait un certain nombre de novices et de postulantes

Le 3 avril, la Révérende Mère fondatrice rendait sa belle âme à Dieu, après 40 ans d'une vie tout entière consacrée à la charité. L'affluence des fidèles et surtout des prêtres qui l'accompagnèrent au service célébré pour elle à Saint-Jacques fut un témoignage rendu à sa personne et à son œuvre. Le 6 avril, sa dépouille mortelle fut déposée au cimetière de Bacouel où reposent à côté d'elle les deux Mères qui l'avaient si fidèlement aidée et la plupart des Sœurs décédées depuis.

La Maison-Mère, rue Martin-Bleu-Dieu.

L'œuvre des Dames pensionnaires prospérait, et la maison de la rue Deberly étant devenue insuffisante, on en installa une nouvelle au nº 39 de la rue Martin-Bleu-Dieu, le 2 mars 1868.

Vers le milieu de 1870, on acheta à M. Lebel quelques vieux immeubles qui furent démolis, et sur l'emplacement on bâtit la grande maison en briques qui se trouve dans la cour actuelle et qu'on longe pour aller à la chapelle. — Cette maison est bâtie en partie avec les démolitions de l'ancienne Banque de France d'Amiens. La Sœur qui devait être un jour Mère Marie-Marthe venait à ses heures libres avec quelques compagnes gratter elle-même les vieilles briques, pour éviter des frais et activer le travail de la construction.

La chapelle actuelle fut commencée en 1875. Le 21 décembre 1876, Mgr Bataille vint la bénir solennellement. Voici le procès-verbal rédigé et écrit par M. l'abbé Boulenger, curé de Saint-Jacques :

« L'an 1876, le jeudi 21 décembre, en la fête de saint Thomas,

« Mgr Bataille, évêque d'Amiens, toujours empressé d'encourager les œuvres de bienfaisance et de zèle, a daigné se rendre à l'invitation de Mlle Glavier, pour la bénédiction d'une chapelle élevée par ses soins, dans la maison de retraite, rue Martin-Bleu-Dieu, 39. Cette chapelle, comme la maison elle-même, est placée sous le vocable de Saint-Joseph.

« Monseigneur arrivait à la maison, accompagné du maître des cérémonies, M. Deschamps, vers 7 h. 3/4 du matin. Sa Grandeur fut reçue dans le petit salon, par le Clergé paroissial, auquel était venu s'adjoindre M. l'abbé Bucquoy, chanoine prébendé. La cérémonie commença aussitôt, au milieu d'une assistance sympathique et recueillie.

Après la bénédiction extérieure et intérieure, Monseigneur bénit aussi les statues de saint Joseph, du Sacré-Cœur et de Notre-Dame de Lourdes, placée au fond et à l'entrée du sanctuaire. La Sainte Messe fut célébrée ensuite par Sa Grandeur; des chants pieux furent exécutés pendant le Saint Sacrifice, avec le concours d'un harmonium placé à la tribune et tenu par M. l'abbé Godin, vicaire de la paroisse. M. l'abbé Morel, vicaire général et protecteur de la maison, voulut aussi assister à la cérémonie pendant une partie de la Messe, et il fut touché, comme tant d'autres, de voir

Sa Grandeur donner la sainte Communion à plusieurs infirmes qu'il a fallu porter et soutenir à la sainte Table.

« Plusieurs assistants vinrent s'unir aux hospitalières de Saint-Jacques, dans ce moment si précieux pour elles et si longtemps désiré.

« Après la Messe, Monseigneur a daigné adresser ses félicitations et ses encouragements à la Fondatrice de l'établissement et à ses compagnes, puis une allocution bien suave et bien pratique sur les souffrances, laquelle couronnait dignement la cérémonie d'inauguration de ce nouveau sanctuaire.

« De retour au salon, où Sa Grandeur fut reconduite processionnellement, Monseigneur bénit de nouveau le personnel de la maison et après un déjeuner plus que modeste, il retournait à ses occupations habituelles, accompagné des remerciements de toute l'assistance, heureuse de sa condescendance à répondre à des vœux qu'il venait de combler.

« Le soir, vers 4 heures, un salut d'actions de grâces fut donné par M. l'abbé Dorion, pensionnaire de la maison, et désormais le Saint-Sacrement sera conservé dans cette chapelle comme dans celle de la rue Deberly, avec la permission de Monseigneur, qui l'a accordée très gracieusement.

« Amiens, 21 décembre 1876. »

Le 2 septembre 1877, avec la permission de M. Fallières, vicaire général, fut érigé le chemin de la Croix par le P. Georges André, de l'Ordre des Franciscains.

En 1886, la Communauté acheta à M. l'abbé Friant (1), curé de Saint-Jacques, la maison voisine à gauche qui servait d'école aux Sœurs de la Providence, et le local où se réunissait le Cercle militaire et qui est devenu le réfectoire des religieuses. C'est dans cette école transformée qu'en 1888 on installa une clinique.

Il nous serait agréable de citer au moins le nom de tous

(1) M. Friant fut curé de Saint-Jacques de 1882 à 1913. Il avait hérité bien des qualités de son prédécesseur, mais surtout une grande sympathie pour l'œuvre des Sœurs. M. Cacheleux, successeur de M. Friant, a recueilli le pieux héritage.

les prêtres qui ont été pensionnaires à la Maison-Mère. Nous en citerons quelques-uns ici et là. Il en est qui se présentent particulièrement à notre souvenir : M. l'abbé Fauvel, docteur en médecine, prêtre d'une piété allant jusqu'à l'excès; il ne lui a manqué que la santé. Il resta près de trois ans à la maison, à son retour de Davos, édifiant religieuses et pensionnaires.

M. l'abbé Lecul, ancien prêtre de Saint-Sulpice; il s'était retiré au Petit-Séminaire à la veille de l'expulsion. Il le suivit à Amiens, où il exerça quelque temps les fonctions d'économe. Après l'évacuation, il vint au mois d'août 1919 rejoindre son vieil ami, M. Cauet. Ne disons rien des vivants de cette trempe, sinon que nous voudrions leur ressembler par la vertu.

M. l'abbé Roussel, supérieur du Petit Séminaire, de retour d'Amélie-les-Bains, miné par une maladie qui ne pardonne pas et à laquelle il a succombé quinze jours à peine après son arrivée, offrant sa vie pour la persévérance de ses chers élèves. — Il n'avait pas 38 ans.

M. le chanoine Motte, ancien curé de Saint-Riquier. Craignant, à cause de son âge, de ne plus pouvoir satisfaire aux exigences du ministère, il est venu à son tour en novembre 1919 rejoindre l'ancien supérieur de Saint-Riquier.

Le 1er octobre 1921, ce fut M. l'abbé Magloire, un ancien de Saint-Riquier encore, devenu aumônier des incurables et depuis chanoine honoraire, qui vint nous demander l'hospitalité; nous le reçûmes avec toute la cordialité due à un bon confrère. Au soir de l'Assomption, en 1923, nous arrive M. l'abbé Dargent, lui aussi, ancien de Saint-Riquier. Assurément c'est la Sainte Vierge qui nous amène celui qui la chante si bien à Lourdes et à la Salette. M. Dargent, soyez le bienvenu ! — Le vieux Saint-Riquier se réforme en partie à la rue Martin-Bleu-Dieu.

Signalons enfin le P. Mathias et le P. Pauchet de l'Ordre de Saint-François, qui se réfugièrent à la maison des Sœurs lors de l'expulsion des religieux et y restèrent plusieurs années. En 1911 le P. Boulangé, en 1916 le P. Frébillot, de la Compagnie de Jésus qui arrivèrent pour mourir; ils ne s'étaient pas donné le loisir de se soigner; après sa mort, on a trouvé intacte dans la poche du P. Frébillot l'ordonnance du Dr Gand.

Et nous en oublions, et peut-être des meilleurs.

Approbation de la Communauté.

Après seize mois d'épreuves, le 6 avril 1878, Mgr Bataille approuva à titre d'essai le projet de règles des Sœurs Hospitalières par l'ordonnance ci-jointe :

« Louis-Désiré Bataille, par la grâce de Dieu et du Saint-Siège Apostolique, évêque d'Amiens.

« Assistant au Trône pontifical.

« Vu le projet de Règles qui Nous a été soumis au nom de pieuses filles vivant en communauté dans les maisons de la rue Martin-Bleu-Dieu et de la rue Deberly, à Amiens; et se dévouant aux soins des personnes reçues dans leurs établissements, à titre de pensionnaires, et spécialement des prêtres âgés et infirmes.

« Vu l'article 95 des statuts diocésains, chapitre IV.

« Vu le rapport qui nous a été fait par Notre Vicaire général tant sur le projet de règle que sur la situation de l'Association sus-mentionnée.

« Considérant qu'il est devenu nécessaire par suite de l'enchérissement de toutes choses, d'ouvrir des asiles ou pensions à l'usage des personnes à qui la médiocrité de leur fortune imposerait dans le monde une vie de privation et peut-être de misère.

« Considérant que les prêtres âgés ou infirmes retirés du saint ministère, sont particulièrement dignes d'intérêt, et qu'il est désirable qu'il existe dans le diocèse d'Amiens une maison convenable où l'on puisse, au besoin, les recueillir.

« Considérant que l'expérience qui a été faite dans les établissements de la rue Martin-Bleu-Dieu et de la rue Deberly a donné des résultats relativement satisfaisants.

« Considérant qu'une œuvre aussi heureusement commencée ne pourra se fortifier et se développer qu'autant que les pieuses filles qui l'ont entreprise seront unies entre elles par le lien de la vie commune et religieuse.

« Nous avons ordonné et ordonnons ce qui suit :

I

« Le projet de règles des hospitalières de la rue Martin-Bleu-Dieu et de la rue Deberly est approuvé pour trois ans, à titre d'essai.

II

« Les Sœurs Hospitalières sont autorisées à porter un vêtement noir et le chapelet de Notre-Dame des Sept-Douleurs suspendu à la ceinture. Les Sœurs des premiers vœux porteront sur la poitrine une médaille attachée par un cordon violet. La médaille sera remplacée par un crucifix lorsqu'elles auront fait les vœux pour cinq ans ou pour la vie.

III

« Nous désignons M. l'abbé Estienne, aumônier des Fidèles Compagnes de Jésus, pour Nous représenter en qualité de supérieur ecclésiastique auprès de la Communauté.

« Donné à Amiens en Notre Palais Épiscopal, sous Notre seing, le sceau de Nos armes, et le contre seing du secrétaire général de Notre Évêché, le 6 avril de l'an de Notre-Seigneur 1878.

« † LOUIS, *év. d'Amiens.*

« Par Mandement de Monseigneur,

« L. DESCHAMPS,

« *Prosecrétaire.* »

Monseigneur donna l'habit à la fondatrice et à six postulantes. La Sœur Saint-Vincent devenue Mère Marie des Sept-Douleurs, fit ses trois vœux — Marie Berquer, sa première compagne, devenue Sœur Marie de Saint-Joseph, et Sophie Davaut, reçue comme orpheline en 1860, firent le vœu d'obéissance.

Les trois années d'essai ayant donné pleine satisfaction, le 26 décembre 1881, Mgr Guilbert, successeur de Mgr Bataille, approuva définitivement les Constitutions et la Règle, ainsi que l'institution des Sœurs Hospitalières de Notre-Dame des Sept-Douleurs et de Sainte-Marthe.

« Aimé-Victor-François Guilbert, par la grâce de Dieu et du Saint-Siège apostolique, Évêque d'Amiens.

« Vu l'ordonnance en date du 6 avril 1878, par laquelle Mgr Louis-Désiré Bataille, Notre vénéré Prédécesseur, a approuvé pour trois ans à titre d'essai les Constitutions et Règles des Sœurs Hospitalières de Notre-Dame des Sept-Douleurs et de Sainte-Marthe, et autorisé lesdites Sœurs à porter l'habit religieux et à vivre en Communauté.

« Considérant que l'essai qui a été fait de ces Constitutions et de ces règles en a prouvé la sagesse et l'efficacité.

« Nous avons approuvé et par les présentes approuvons les Constitutions et Règles, ainsi que l'Institut des Sœurs Hospitalières de Notre-Dame des Sept-Douleurs et de Sainte-Marthe.

« Donné à Amiens, en Notre Palais Épiscopal, sous Notre seing, le sceau de nos armes et le contre-seing du secrétaire de Notre Évêché, le vingt-sixième jour du mois de décembre de l'an de Notre-Seigneur mil huit cent quatre-vingt-un, en la fête de Saint-Étienne, premier martyr.

« † A. V. F., *Év. d'Amiens.*

« Par Mandement de Monseigneur.

« L. Deschamps,
« *Secrétaire.* »

Constitutions de la Congrégation, en rapport avec le nouveau Droit Canon de 1917.

L'ordonnance de Mgr Bataille règle d'une manière générale le vêtement et les insignes des Sœurs. Le détail se trouve au Livre des Constitutions de la Communauté, imprimées à Montreuil-sur-Mer, en 1892, 1re partie, art. IV, copiées sur le manuscrit même du R. P. Gugholtz. L'art. VII trace le règlement des divers degrés : postulat, noviciat, vœu d'obéissance, vœux quinquennaux, vœux perpétuels.

Ce règlement a été modifié par une ordonnance de Mgr de la Villerabel, en date du 6 mars 1919 :

« Nous, Pierre, Florent, André du Bois de la Villerabel, par la grâce de Dieu et l'autorité du Saint-Siège, Évêque d'Amiens,

« Considérant que la Congrégation des Sœurs Hospitalières de Notre-Dame des Sept-Douleurs et de Sainte-Marthe a toujours fait profession d'un fidèle attachement à la Sainte Église Catholique, Apostolique et Romaine, et par conséquent au Saint-Siège; que la promulgation du *Codex Juris Canonici* lui fait une obligation, à laquelle elle se soumet avec empressement, d'adapter ses Constitutions et ses Règles à la nouvelle législation;

« Après avoir consulté des Canonistes autorisés, soit à Rome, soit à Amiens, et refondu l'ancien texte de ces Constitutions et de ces Règles, en gardant tout ce qui pouvait être conservé, en ajoutant les prescriptions formelles du droit et en supprimant tout ce qui avait le caractère de simple direction du Conseil;

« Annulons l'ancien texte des Constitutions et des Règles; promulguons le nouveau par la présente Ordonnance; obligeons toutes les Religieuses de ladite Congrégation de s'y soumettre aussitôt et de les observer sans restrictions, exceptions ni réserves.

« Fait à Amiens, le 6 mars 1919, en la fête de sainte Colette de Corbie.

« † André, *évêque d'Amiens.*

« Par mandement de Mgr l'Évêque,

« J. Cauet,
« *chanoine supérieur délégué.* »

Le R. P. Gugholtz.

Comme nous l'avons dit, ce fut le R. P. Gugholtz (1) de la Compagnie de Jésus, qui fut chargé par Mgr Bataille en 1876, d'établir et de dresser les règles propres à grouper en communauté le petit essaim d'infirmières. C'était un saint religieux, en résidence à Saint-Acheul, bien connu de tout Amiens, pour le développement qu'il donna au culte de saint Joseph.

Depuis longtemps déjà le P. Gugholtz correspondait avec notre Mère fondatrice, surtout pour l'encourager dans les moments plus difficiles, et il y en a eu plusieurs. La Communauté conserve avec soin quelques-unes de ces pieuses lettres; lisons-en une :

« *Amiens,* 16 *septembre* 1882.

« Ma chère Fille,

« Je regrette bien vivement de ne pouvoir me rendre à votre invitation à célébrer le Saint Sacrifice dans cette petite chapelle où vous honorerez ensemble Notre-Dame des Sept-Douleurs. Mais ne dois-je pas vous représenter à cet autel de Saint-Acheul (2) où votre petite société a pris naissance? N'est-ce point, parce qu'il y a là un pèlerinage fondé par nos pères en l'honneur des douleurs de Notre-Mère que j'ai eu

(1) V. Notice nécrologique dans la *Semaine Religieuse* d'Amiens, du 9 mai 1886.

(2) Il y a en effet dans l'église de Saint-Acheul un autel dédié à Notre-Dame des Sept-Douleurs. La grande statue qui domine l'autel a été donnée après le choléra de 1832 par Mme la marquise de Gerville, mais l'ancienne, plus petite, est précieusement enchâssée dans le bas de l'autel. C'est un religieux trappiste, le P. Avril, qui en était devenu possesseur après la Révolution; à sa mort, elle était passée aux mains du F. Firmin, portier du couvent de Saint-Acheul qui l'entoura d'hommages dans sa loge; devenue l'objet d'un culte public pendant le choléra, elle fut transportée dans l'église paroissiale où la générosité des fidèles lui érigea un autel richement décoré.

Cf. *Les Sanctuaires de la Sainte Vierge dans le diocèse d'Amiens. Notre-Dame de Saint-Acheul.*

la pensée de vous inviter à prendre des livrées en son nom? Ce doit donc être là que je dirai la sainte Messe à vos intentions : pour vous d'abord, ma Fille, qui portez le fardeau de la supériorité, pour vos chères filles qui, par leur obéissance et leur dévouement, doivent seconder vos efforts et vous rendre la charge plus légère. Oui, vous aurez toutes un bon *Memento ;* et, je l'espère, Marie abaissera sur le petit troupeau un regard plein de bonté et vous obtiendra la grâce d'accomplir fidèlement chaque jour des règles qui sont, je crois, l'expression de sa volonté et le moyen le plus sûr d'atteindre le but final qui est le salut de nos âmes.

« Pouvant disposer d'un ornement confectionné par une pieuse dame, j'ai cru vous être agréable en vous l'offrant. Il est béni et pourra vous servir demain.

« Je vous bénis, ma chère Fille, ainsi que votre petite communauté, au nom de la Mère des Douleurs.

« Tout dévoué à vos âmes.

« GUGHOLTZ, *S. J.* »

Le R. Père était aussi le confesseur de la Mère et de ses pieuses filles; il leur faisait de plus des conférences de temps à autre pour les préparer à la vie de communauté. Il continua ces fonctions jusqu'en mars 1885, époque où il tomba malade et où il fut envoyé chez les Frères de Saint-Jean de Dieu, à Paris.

Le noviciat ayant été transporté à Bacouel en 1883, le R. Père y alla présider une prise d'habit en juin 1885; ce fut la dernière à laquelle il assista : quelques semaines après il revenait à Bacouel avec le R. P. Ricbourg, de la même Compagnie de Jésus, qui fut chargé des conférences au noviciat et à la Maison-Mère.

Le R. P. Gugholtz mourut le 30 avril 1886 après vingt-sept ans passés à Amiens.

Sa dépouille mortelle repose au cimetière de Saint-Acheul et souvent elle se couvre de fleurs déposées par des mains filiales et reconnaissantes. Les Religieuses de Notre-Dame des Sept-Douleurs et de Sainte-Marthe n'oublient pas celui qu'elles considèrent à bon droit comme leur fondateur.

Mère Marie-Marthe, deuxième Supérieure Générale.

Mère Marie-Marthe, dans le monde Marie Berquer, puis religieuse sous le nom de Sœur Marie de Saint-Joseph d'abord, et ensuite de Mère Marie-Marthe, n'est plus une étrangère pour nos lecteurs. Dès 1860, elle s'était attachée à notre Mère Fondatrice et, dès lors, elle fut son bras droit, et on peut dire la cheville ouvrière de l'œuvre naissante. Elle contribua puissamment au développement extérieur de la communauté; elle se livra avec ardeur à la vie active, tout en ne négligeant pas la vie d'union à Notre-Seigneur qu'elle recommandait souvent à ses Filles.

C'est à elle que fut confiée la charge des premiers prêtres infirmes reçus à la Communauté, et elle en fit, nous allions dire, si le mot était respectueux, sa *spécialité.* Citons au hasard M. l'abbé Duhautoit, curé de Lamotte-en-Santerre, qui l'appelait une maîtresse garde-malade; — M. l'abbé Baillet, vicaire du chapitre, qui fut le préféré de la Sœur parce que plus malheureux; — M. l'abbé Deberly, missionnaire diocésain, riche incorrigible qui donnait tout ce qu'il avait; — M. l'abbé Letierce, curé de Berneuil, plus qu'octogénaire, tout à fait impotent, qui n'appelait jamais la Sœur autrement que sa *mère,* à raison des soins qu'elle lui a prodigués. Et ce qui frappait les bons vieux, c'était le respect, la vénération, plus que cela, le culte qu'elle gardait pour eux malgré leurs exigences et leurs caprices, excusables bien certainement à leur âge, mais bien agaçants pour l'entourage, quand cela se renouvelle tous les jours et pendant des années. Jamais une plainte, jamais une impatience visible, toujours la même attention délicate et filiale de la Sœur. C'était Marthe, *hospita Christi,* qui se souvenait toujours qu'elle avait devant elle les oints du Seigneur, d'autres Christs, *nolite tangere christos meos.*

A la mort de la Mère Fondatrice en 1898, tous les suffrages de la Communauté se portèrent sur la Sœur Marie-Marthe qui devint Supérieure générale. Voici le procès-verbal de l'élection :

« Le 29 juillet de l'an de grâce 1898, en la fête de sainte Marthe, le Chapitre général s'est réuni sous la présidence de Mgr Dizien, évêque d'Amiens, accompagné de Mgr Dely, vicaire général et de M. Estienne, supérieur ecclésiastique de la Communauté pour procéder à l'élection de la Supérieure générale de la Société, des Conseillères et de l'Admonitrice de la Supérieure.

« La majorité des voix exigée par les Constitutions s'étant portée sur la Mère Marie-Marthe, Monseigneur a proclamé devant tout le Chapître, le choix des électrices et déclaré la Mère Marie-Marthe Supérieure générale de la Société.

« Après la nomination de la Mère Marie-Marthe a eu lieu l'élection des quatre Conseillères;

« Mère Marie-Joseph,

« Mère Marie du Saint-Sacrement,

« Mère Marie de la Croix,

« Mère Marie du Sacré-Cœur,

« Ayant obtenu le nombre de voix fixé par les Constitutions, ont été aussi proclamées par Sa Grandeur en qualité de Conseillères, devant tout le Chapitre général.

« Enfin, Mère Marie-Joseph ayant obtenu la majorité des voix fut aussi proclamée devant tout le Chapitre, Admonitrice de la Supérieure.

« La Supérieure générale ayant déclaré à Sa Grandeur qu'elle choisissait pour Assistante Mère Marie-Joseph, Monseigneur l'a proclamée également devant le Chapitre.

« Après une touchante allocution de Monseigneur sur les principales vertus exigées d'une religieuse, les membres du Chapitre et toute la Communauté sous la présidence de Sa Grandeur, conduisirent l'Élue processionnellement à la chapelle au chant du *Magnificat*, et après les cérémonies indiquées par les Constitutions, eut lieu le salut du Saint-Sacrement, donné par Sa Grandeur; ensuite toute la Communauté, émue et pénétrée des sentiments de la plus vive reconnaissance, reconduisit processionnellement Monseigneur à la salle de Communauté et reçut de nouveau ses paternels encouragements et ses plus précieuses bénédictions.

« En foi de quoi ont signé : Monseigneur, MM. Dely et Estienne, et les Sœurs présentes. »

Devenue Supérieure générale, Mère Marie-Marthe n'eut rien à changer dans sa conduite. Elle avait été religieuse modèle par le dévouement et l'obéissance, elle fut supérieure modèle par l'affection surnaturelle qu'elle témoigna à toutes ses filles, surtout à celles qui lui paraissaient en avoir plus besoin. Jamais Sœur ne vint exposer une peine sans recevoir une consolation de son cœur maternel, demander un secours matériel sans être exaucée.

C'est sous son supériorat, de 1898 à 1908, que furent fondées la plupart des maisons de la Communauté qui existent en dehors d'Amiens, et elle y prit une part des plus actives; les ouvriers l'appelaient l'architecte. Elle fut en particulier l'ouvrière de la belle maison de Noisy-le-Sec.

C'est sous son supériorat, le 24 novembre 1900, que fut achetée la maison de Mlle Boulanger, attenant à la droite de la Communauté, sur la rue Martin-Bleu-Dieu, n° 41. Elle fut remplacée par le bâtiment en briques dont une partie constitue les appartements du Supérieur général et qui défendit le reste de la maison contre les torpilles du 13 mai 1918.

Le surmenage avait usé Mère Marie-Marthe avant l'âge et elle fut réduite dans les derniers mois de sa vie à gouverner de sa chambre, privée qu'elle était des exercices de la Communauté. Mais elle y était par l'esprit et le cœur, et elle se faisait rendre un compte rigoureux de la manière dont les religieuses observaient ses moindres recommandations.

Elle vécut dans la souffrance qu'elle sanctifia jusqu'à son dernier soupir. Elle mourut le 23 octobre 1908 après une nuit d'agonie, en répétant sa prière de choix : Mon Dieu, que votre volonté soit faite; elle laissait à ses filles toute une vie faite de dévouement, d'oubli d'elle-même et d'abnégation.

Cinquante ans consacrés au soulagement de la misère méritaient bien un enterrement de première classe; il fut en effet de première classe en l'église Saint-Jacques par le nombre des religieuses et surtout la foule des fidèles qui remplissaient la nef. Tout le clergé d'Amiens était là, et au premier rang, Mgr Guignot, vicaire général, pour dire à Mère Marie-Marthe toute sa reconnaissance.

Le lendemain 27, à Bacouel, fut célébré un deuxième service, suivi de l'inhumation. Un certain nombre de prêtres étaient là, et les habitants de Bacouel avaient tenu, eux aussi, à venir témoigner de leur sympathie pour celle qu'ils connaissaient bien et qu'ils louaient à l'envi, l'ayant vue à l'œuvre de plus près.

Mère Marie-Joseph, troisième Supérieure Générale.

Mère Marie-Marthe fut remplacée par Mère Marie-Joseph, la survivante des trois religieuses qui avaient assisté au début de la fondation. Elle fut élue le 2 décembre 1908. Voici le procès-verbal :

« Le 2 décembre de l'an de grâce 1908, le Chapitre général s'étant réuni sous la présidence de M. le chanoine Cauet, Supérieur ecclésiastique de la petite Société des Sœurs Hospitalières de Notre-Dame des Sept-Douleurs et de Sainte-Marthe, accompagné de M. l'abbé Lecul, économe à l'École Saint-Riquier, à Amiens, a procédé à l'élection de la Supérieure générale, des Conseillères et de l'Admonitrice de la Supérieure.

« La majorité des voies exigée par les Constitutions s'étant portée sur la Mère Marie-Joseph, M. le Supérieur a proclamé devant tout le chapitre le choix des électrices et déclaré Mère Marie-Joseph, Supérieure Générale de la Société.

« Le scrutin terminé, les membres du chapitre, au chant du *Magnificat,* conduisirent processionnellement la nouvelle Élue à la chapelle où se trouvait la Communauté.

« Après y avoir reçu l'acte de soumission de toutes ses filles, Mère Marie-Joseph fut conduite dans sa chambre où elle donna à chacune le baiser maternel.

« Après l'hommage rendu à la nouvelle Mère générale, il fut procédé à l'élection des quatre Conseillères et de l'Admonitrice.

« Sur la proposition de M. le Supérieur et de l'avis unanime des Sœurs du chapitre, Mère Marie de la Croix fut maintenue par exception, dans son titre de conseillère sans être soumise à la réélection.

Mère du Précieux-Sang, Mère du Saint-Sacrement, Mère Marie du Sacré-Cœur, Mère Marie-Saint-Stanislas ayant réuni le nombre de voix voulu, furent élues Conseillères et proclamées par M. le Supérieur.

« Enfin, Mère du Précieux-Sang ayant obtenu la majorité des voix fut proclamée Admonitrice de la Supérieure.

« La Supérieure Générale ayant déclaré à M. le Supérieur qu'elle choisissait pour Assistante Mère Marie du Précieux-Sang, notre Père Supérieur l'a proclamée également.

« Les élections terminées, les nouvelles Conseillères furent conduites à la chapelle où, après avoir reçu la bénédiction de M. le Supérieur, elles prirent possession de leurs places. La cérémonie se clôtura par le chant du *Te Deum*.

« En foi de quoi ont signé : M. le Supérieur, M. Lecul, les nouvelles Élues et les membres du Chapitre. »

Le 18 décembre, Mère du Précieux-Sang était nommée Supérieure de la Maison-Mère.

Un mot pourrait résumer la vie de Mère Marie-Joseph : elle fut bonne. Tous ceux qui l'ont connue l'ont dit d'une manière ou de l'autre, parce qu'ils ont senti battre son cœur. Douée d'une rare intelligence, elle s'était développée au contact des deux mères qui l'avaient recueillie et appréciée, mêlée dès son enfance aux événements qui marquèrent les débuts et la formation de la Congrégation. Nommée première Maîtresse des Novices, elle connaissait intimement et à fond chacune de ses filles et toutes lui avaient voué une affection profonde. En passant sur ses lèvres, même le reproche prenait une telle expression qu'il touchait le cœur sans l'aigrir jamais.

Elle fut Supérieure Générale pendant dix ans, comme Mère Marie-Marthe. Atteinte d'une maladie de cœur, la guerre de 1914 avec ses angoisses de toutes sortes dut abréger sa vie. Dès le mois de septembre, un mois après la déclaration de guerre, elle recevait les nouvelles les plus alarmantes des maisons d'Estrées (Nord), de Festubert (Pas-de-Calais), d'Harbonnières et de Mézières-en-Santerre — et il lui était plus pénible encore de n'avoir pas un mot de la maison de

Maisières en Belgique; — du mois d'août 1914 au 19 mars 1915, pas le moindre signe de vie. Saint-Joseph vint la remettre un peu par un message indirect, mais consolant quand même. — Mais les nouvelles devinrent bientôt plus alarmantes encore : les Sœurs et les vieillards d'Estrées dispersés; Festubert rasé, Sœurs et pensionnaires fuyant sur des autocamions à travers les obus, Harbonnières et Mézières presque sur la ligne de feu; Bobigny et Noisy-le-Sec aux portes de Paris menacé, et le canon qui grondait et lui bouleversait le cœur; et les bombes qui éclataient sur Amiens. Mère Marie-Joseph s'en alla à Bacouel, mais à Bacouel elle entendait ce qui se passait à Amiens; elle s'exagérait même le danger des autres; ce n'était plus vivre. Elle resta cependant à Bacouel jusqu'à l'évacuation d'Amiens à la fin de mars 1918. La mort dans l'âme, elle se retira à Grémonville (Seine-Inférieure) dans une maison de la Communauté avec son cher noviciat et quelques Sœurs souffrantes. C'est de là qu'elle attendait avec anxiété et recevait, hélas ! non sans chagrin, les nouvelles qui étaient loin d'être bonnes. — Ses forces diminuaient, et l'angoisse continue dans laquelle elle vivait lui torturait le cœur déjà malade. Malgré tout, elle suivait avec soin tous les évènements des différentes maisons. Il fallut bien lui dire qu'un obus était tombé le 10 avril sur la cuisine d'Amiens, — que le 13 mai, trois ou quatre torpilles avaient écrasé plusieurs maisons voisines de la Communauté et avaient causé d'immenses dégâts dans les appartements du Père Supérieur et à la porterie; toit enlevé; portes et fenêtres en miettes, meubles brisés, cloisons renversées, et toute la maison, même la chapelle, un peu ébranlée. Mais vers la fin de novembre 1918, elle apprend qu'une Sœur de Noisy-le-Sec, Sœur Marie de la Compassion, malade depuis un certain temps, est au plus mal; elle veut la revoir. Malgré les conseils de prudence qui lui sont prodigués, elle part pour Noisy, a le bonheur de revoir sa fille vivante. Mais elle-même est frappée à mort. Elle se couche en rentrant à Grémonville. Malgré tout son désir de revenir à Bacouel avec le noviciat qui y est rentré le 17 décembre, il lui faut rester en exil. Et en effet, le 23 décembre au soir, elle dit un dernier adieu au Supérieur, appelé près d'elle et à ses filles présentes, et s'en va célébrer Noël dans la patrie céleste.

Le 27, après un service dans l'église de Grémonville, chanté par M. le doyen de Motteville, qui un instant laissa parler son cœur devant toute la paroisse présente, on transporta le corps à Bacouel.

Le 29, à 2 heures, on chanta les vêpres des morts qui furent suivies de l'inhumation, au milieu d'une foule des plus sympathiques.

Le lendemain 30, à 10 heures, le P. Supérieur chanta la Messe dans la chapelle tant aimée de notre Mère Marie-Joseph; M. le chanoine Simon, ancien doyen de Conty où il avait connu les Sœurs et où il leur avait prodiqué les ressources de son zèle, fit l'absoute, entouré de M. le curé de Vers, desservant Bacouel, M. l'aumônier, MM. les curés de Dury, Saleux, Prouzel. M. Brasseur, maire de Bourdon, était venu avec son petit-fils Charles, payer ce qu'il appelait sa dette de reconnaissance à la regrettée Mère Marie-Joseph.

Elle repose donc là-bas au cimetière de Bacouel où elle a fait tant de pèlerinages, à côté de ses compagnes de la première heure, et il nous est doux de croire qu'au Ciel les trois Mères se seront rencontrées et veillent ensemble sur le petit troupeau qu'elles ont tant aimé.

Mère Marie du Sauveur, quatrième Supérieure Générale.

Mère Marie-Joseph marque une époque de la Communauté, l'époque de l'établissement. La Communauté inaugure désormais une nouvelle période qui, nous l'espérons, répondra aux espérances qu'elle fait naître.

Le 12 mars 1919, Mère du Sauveur, supérieure de l'Hospice de Bourdon, fut nommée Supérieure Générale.

Voici le procès-verbal :

« Le 12 mars 1919, à Amiens, en la Maison-Mère de la rue Martin-Bleu-Dieu, n° 39, le Chapitre dûment convoqué s'est réuni sous la présidence de S. G. Mgr du Bois de la Villerabel, évêque d'Amiens, assisté de M. Florent de la Villerabel, vicaire général, et de M. Jules Cauet, chanoine supérieur délégué de la Congrégation.

« Après avoir imploré les lumières de l'Esprit-Saint, Sa Grandeur donna lecture des articles des Constitutions concernant les élections. Puis il fut procédé aux élections mêmes, selon les lois du nouveau Droit canon.

« Furent élues :

« 1re Scrutatrice, Mère Marie-Saint-Étienne.

« 2e Scrutatrice, Sœur Marie-Saint-Gabriel Archange.

« Secrétaire Générale, Mère Marie de la Sainte-Agonie.

« Supérieure Générale, Mère Marie du Sauveur.

« 1re Conseillère et Assistante, Mère Marie du Sacré-Cœur.

« 2e Conseillère, Mère Marie du Précieux-Sang.

« 3e Conseillère, Mère Marie Saint-Stanislas.

« 4e Conseillère, Mère Marie du Saint-Sacrement.

« Procès-verbal de la session a été dressé par la Secrétaire Générale, pour être déposé dans les archives de la Congrégation, et signé par Monseigneur et les deux Scrutatrices.

« † ANDRÉ, *Évêque d'Amiens.*
« Mère SAINT-ÉTIENNE.
« Sœur MARIE-SAINT-GABRIEL. »

Les Sœurs votantes avaient reconnu en Mère du Sauveur, étonnée plus que les autres de son élection, la femme forte capable de continuer l'œuvre de leurs trois premières Mères; sa régularité parfaite, son courage à venir à Amiens sous les obus pour soustraire au pillage tout ce qu'elle a pu enlever dans les maisons de la Communauté, sa simplicité, son dévouement aux vieillards, avaient frappé ses compagnes. Elle se mit résolument à l'œuvre; elle commença par adapter les Constitutions et les Règles de la Communauté au nouveau Droit canon, comme le demandait une ordonnance de Mgr de la Villerabel. Quelque temps après, le 14 août 1919, elle mit à exécution un projet qui avait été dans la pensée de Mère Marie-Joseph et que la guerre avait retardé, elle transféra le noviciat de la maison de Bacouel à celle de la place de la Neuville où était déjà l'œuvre des prêtres en retraite depuis le 11 octobre 1911, sous la direction de M. le chanoine Vallage, dont les libéralités permirent à la Communauté d'acheter la maison. Le contrat fut signé le 30 août 1919. La résidence de Bacouel fut réservée comme maison de retraite pour les Sœurs âgées, et on continue à y faire les deux retraites annuelles.

Le 20 juillet 1921, la Maison-Mère recevait avec bonheur un pensionnaire qui depuis la fondation était resté l'ami fidèle, M. le chanoine Dahiez, dont l'âge et la santé réclamaient des soins auxquels le dévouement le plus fidèle ne pouvait plus suffire seul. M. le chanoine Dahiez avait assisté comme secrétaire de Mgr Bataille, à la formation de la Communauté naissante, à la bénédiction de la chapelle en 1876, et depuis il s'y était toujours vivement intéressé. Le 19 juin 1917, il y venait encore célébrer la Sainte Messe pour célébrer ses noces d'or.

Pendant les quelques mois que M. Dahiez passa à la maison, Mgr Lecomte vint plusieurs fois lui rendre visite, et toute la maison en profitait. Les religieuses qui avaient entendu dire la bonté incomparable du nouvel évêque d'Amiens étaient heureuses de recevoir sa bénédiction, et les encouragements et les témoignages de sympathie ne manquaient pas. M. le vicaire général Cadot qui accompagnait Sa Grandeur et qui avait été comme vicaire de Saint-Jacques le témoin des premiers essais de la Communauté et même le confesseur, prenait plaisir à rappeler les merveilles de charité opérées par les premières Sœurs au prix des plus grands sacrifices, puisque souvent il fallait faire quelque chose avec rien.

Mgr Lecomte revint depuis célébrer la sainte Messe et redire aux bonnes Sœurs combien il leur était reconnaissant de leurs offices, envers les Prêtres en particulier, et du bien qu'elles faisaient dans le diocèse d'Amiens.

Les Supérieurs ecclésiastiques de la Communauté. M. Estienne, M. Fréchon, M. Cauet.

M. le chanoine Estienne mourut, peu de temps après la Révérende Mère Fondatrice. Il s'éteignit doucement, le 1er mars 1899, à l'âge de 80 ans, dans sa maison monacale de la rue des Corroyers, près de la Maison-Mère. On montre encore dans cette maison une porte derrière laquelle sa pieuse mère a caché un prêtre pendant la Révolution. — M. Estienne était resté le Supérieur dévoué, pendant vingt et un ans, de 1878 à 1899. Nous l'avons vu à l'œuvre dans les débuts de la Nouvelle Communauté. Tous ceux qui ont connu M. Estienne comme professeur au Petit Séminaire de Saint-Riquier, ou comme aumônier des Fidèles Compagnes de Jésus se souviennent de lui avec bonheur comme d'un saint prêtre, zélé et oublieux de soi-même.

Il fut remplacé par M. Fréchon, alors chanoine de la Cathédrale, en attendant qu'il devînt supérieur du Grand-Séminaire, au départ des prêtres de la Mission en 1903. M. Fréchon s'attacha à maintenir et à développer l'esprit religieux dans la Communauté. Il se fit aider par M. l'abbé Charlet, directeur au Grand Séminaire, qui, du temps de M. Fréchon comme après sa mort, donna à cette œuvre tout son cœur et son dévouement de prêtre. Le noviciat de Bacouel le voyait au moins tous les quinze jours, et il en a eu toute la charge pendant l'intervalle qui s'écoula entre la mort de M. Fréchon et la nomination de M. Cauet; à M. Cauet lui-même, il fut d'un grand secours dans les débuts.

Nous lisons sur l'image mortuaire de M. Fréchon ces mots entre autres : piété profonde, exquise bonté, droiture inflexible, simplicité parfaite; le voilà tout entier.

Les annales du Diocèse d'Amiens et en particulier une lettre de Mgr Dizien (1) marqueront la mort presque subite de M. Fréchon le 8 décembre 1906; condamné par la loi de séparation à quitter son Grand Séminaire, il ne put survivre

(1) V. *Semaine Religieuse* d'Amiens du 16 décembre 1906.

au coup qui le tua, en frappant son cœur de prêtre et de Français.

M. Cauet, lui aussi, avait été touché par cette loi inique. Lui, ses confrères et ses élèves avaient dû quitter le Petit Séminaire de Saint-Riquier par une journée de décembre 1906. Ceux qui ont lu les « *Adieux de Saint-Riquier* », écrits par M. Levé, ont pu se rendre compte des déchirements opérés dans les cœurs (1). Après avoir réinstallé le Petit Séminaire à Amiens, en février 1907, M. Cauet fut nommé en juillet Supérieur de la Communauté, avec cette particularité qu'il put se fixer à la Maison-Mère. Il lui fut plus facile de suivre la marche et le développement de l'œuvre. Resté à Bacouel pendant l'évacuation de 1918, il défendit pied à pied les propriétés et les intérêts dont il avait la charge; c'est à Bacouel qu'on venait prendre le mot d'ordre et chercher un peu d'assurance.

(1) Le Petit Séminaire a été racheté par Mgr Lecomte le 10 juillet 1923 pour 181.000 francs.

II

Filiales de la Communauté.

I. — Maison de Retraite, 21, rue Deberly.

'EST à la rue Deberly, dite alors rue Neuve-des-Capucins, que les Sœurs de Notre-Dame des Sept-Douleurs sont allées s'installer en quittant la rue de l'Aventure en 1863. M. Lacolley, propriétaire de la maison, concéda un bail avantageux, en attendant que les Sœurs puissent l'acheter. — Ce que l'on appelait le grand bâtiment, avant qu'il fût atteint par un obus et démoli ensuite, était la propriété de M. Mollet. Grâce à sa complaisance, la Communauté put l'acheter aussi mais plus tard.

La maison de la rue Deberly fut la seule maison de retraite d'Amiens, jusqu'en 1868, époque à laquelle les religieuses ouvrirent celle de la rue Martin-Bleu-Dieu. — C'est à la rue Deberly que fut inaugurée l'œuvre des Prêtres âgés qui fit ajouter au nom de Sœurs de Notre-Dame des Sept-Douleurs, celui de Sainte-Marthe. Le premier prêtre fut M. l'abbé Pajot, curé de Neuville-Coppegueule. Il ne tarda pas à avoir des compagnons, et Mgr Boudinet accorda bientôt la grande faveur de la sainte Réserve, après avoir envoyé M. Morel, vicaire général, voir l'oratoire préparé pour recevoir l'Hôte divin.

M. l'abbé Boulenger, curé de Saint-Jacques, encouragea l'œuvre en donnant des ornements et du linge. Mlle Samet, pensionnaire, offrit un calice et un ostensoir; Mme Duponchel, un ciboire. Ainsi les prêtres, du moins les valides, purent offrir le Saint Sacrifice dans la petite chapelle. La première adoration perpétuelle eut lieu le 10 février 1874; tous ces messieurs du clergé de Saint-Jacques étaient là, et on aime à rappeler que les chants étaient exécutés par trois jeunes gens de la paroisse, sous la direction de M. Godin. — Quinze jours environ avant sa mort, Mgr Godin rappelait cette fête à une habitante de la rue Deberly, et lui demandait si la chapelle était toujours la même, celle dont il pouvait toucher le plafond, en levant simplement la main. C'est toujours la même.

En 1911, la Communauté acheta deux maisons voisines, ce

qui permit en l'agrandissant de donner à l'immeuble un cachet plus agréable. L'architecte, M. Antoine, tira le meilleur parti de ce qui existait, l'adapta de son mieux et visa surtout à ce que le soleil et la lumière puissent entrer à flots dans les corridors aménagés à cet effet.

On avait pensé dès lors à faire une chapelle, mais elle resta à l'état de projet, et elle y est encore. La guerre qui se déclanchait trois ans après, n'était point de nature à faire avancer l'entreprise.

L'invasion de septembre 1914 fut insignifiante; elle fut d'ailleurs fort courte; elle dura dix jours à peine, assez cependant pour amener à la maison Mlle Alix Morel, grande propriétaire de Mézières-en-Santerre et bienfaitrice de l'hospice de ce pays. — Arrivée le 4 septembre dans un état de dépression rare, elle mourut le 7; elle fut conduite au dépositoire de Saint-Acheul, le 10, à travers les Allemands qui faisaient leurs préparatifs de départ.

De la fin de 1914, au mois de mars 1918, la maison de la rue Deberly, avec ses habitants, eut le sort commun d'Amiens; des soldats, des blessés, des évacués y passèrent nombreux. Les avions et les bombes forçaient les pensionnaires à descendre dans une cave qu'on avait aménagée à cet effet et où l'on avait réuni tout le confortable possible dans une cave, où surtout on avait assuré les moyens de sauvetage, en cas de besoin.

Le 27 mars, tout au matin, on amenait le chanoine M. Leroux, miraculeusement échappé des débris de sa maison entièrement détruite, pendant qu'il était au fond de sa cave.

Le 20, Mgr de la Villerabel venait dans la matinée rendre visite au vénéré chanoine, et rassurait tout son monde apeuré, mais vers midi, et dès l'après-dîner, il fallait partir. — Sœurs et pensionnaires étaient prises par des camions automobiles et conduites à la gare Saint-Roch, à la petite vitesse. Où devaient-elles être dirigées? Personne ne le savait. Deux Sœurs et quelques pensionnaires arrivèrent à Nice, conduites par la Providence. — Mais les autres, en plus grand nombre, dont les malades, débutèrent par quelques difficultés. Elles furent d'abord déposées dans un wagon à bestiaux; grâce à l'obligeance du chauffeur du train, elles purent gagner cependant une voiture plus commode; mais à Rouen, à Alençon, il fallut toute l'énergie et la résistance de ma Mère Saint-Philippe, la supérieure, pour éviter le transbordement. A Alençon, les choses changèrent de face. M. le Préfet était là, et après s'être informé de M. Moullé, préfet de la Somme, il demanda aux Sœurs où elles allaient ! « Nous ne savons pas? — Eh bien, voulez-vous me permettre de vous diriger moi-même? Je vais vous faire conduire à Morlaix, petite ville que je connais et où vous serez fort bien. » — Et voilà le convoi en route pour Morlaix. Les stations importantes sont averties du prochain passage des voyageurs, et à Laval, la Croix-Rouge leur fit servir un repas complet.

A leur arrivée à Morlaix, des voitures les attendent et le bon Dr Rouff oublie qu'il a 80 ans, pour offrir ses services aux malades.

M. le chanoine Buquet, archiprêtre de Péronne, qui les a accompagnés, devient aumônier des évacuées de la rue Deberly. Il commença son service par leur dire la messe en arrivant, le jour même de Pâques, 31 mars, à 1 h. 1/2 de l'après-midi. M. Buquet, connu pour son obligeance, eut l'occasion, dans cet exil, de la déployer en maintes circonstances, et il ne se fit pas prier. M. l'abbé Lefèvre, aumônier ordinaire, mobilisé depuis longtemps déjà, pouvait compter sur son remplaçant.

A Morlaix, nos Sœurs reçurent l'accueil le plus gracieux de M. Fruit, le sous-préfet, mort depuis sous-préfet de Douai, et de M. Marzin, l'économe de l'hôpital civil. Elles furent hébergées avec leurs pensionnaires, d'abord dans l'hôpital tenu par les Dames de Saint-Thomas de Villeneuve dont elles ont gardé le meilleur souvenir. Puis, la Supérieure très aimable, les mit en rapport avec le notaire de Mme Dulong de Rosnay. — Grâce à l'obligeance de Mgr Morelle, évêque de Saint-Brieuc, qui voulut bien se porter garant des Sœurs, cette dame leur loua une belle propriété, Coat-Amour, où elles purent s'installer aussi confortablement qu'elles pouvaient l'être, après avoir laissé tout, ou à peu près, dans leur maison de la rue Deberly.

Mgr Duparc, évêque de Quimper, a été aussi fort obligeant

pour les évacués. Il déclara à nos Sœurs qu'il se montrerait leur père, tant qu'elles seraient là, qu'elles pouvaient compter absolument sur lui au point de vue surnaturel et, de suite, il leur accorda la sainte Réserve, permit à M. Buquet de biner, à cause d'une autre maison, de Morlaix, Fontaine-au-Lait, où les Sœurs de la rue Martin-Bleu-Dieu étaient réfugiées. — A Morlaix, on a fait tout le possible, en faveur des Sœurs, pour leur faire oublier leur malheur.

Il était temps de partir d'Amiens. Dix jours après le départ, le 8 avril, à 7 heures du matin, un obus traversait, de part en part, le grand bâtiment de la cour, juste dans nos milieu, broyant les portes, les fenêtres, l'escalier, sans parler du toit et des murs, ébranlés du haut en bas, si bien que par mesure de sécurité, il fallut tout démolir.

La maison n'a pas été pillée, mais dans les déménagements successifs, les soldats qui en furent chargés, mettaient dans des caisses, dans les voitures, ce qui leur paraissait utile, et abandonnaient le reste sur les parquets qui, en août, étaient littéralement jonchés de toutes sortes de choses, même de fourrures.

Au mois de décembre 1918, le Dr Gand et le Dr Caraven, rentrés à Amiens, et n'ayant pas de clinique, se mirent à faire quelques opérations, avec l'aide de deux ou trois Sœurs rentrées elles aussi. — Les pensionnaires ne furent ramenés que le 22 novembre 1919; il fallait réparer les plus gros désastres, avant de pouvoir recevoir les habitants.

Le 16 février 1920, on acheta les maisons des nos 15 et 17; le 17 mai suivant, on acheta encore quelques petites masures, toujours en vue d'une chapelle à édifier. — On croit avec raison que l'on devra attendre encore. En avril 1922, on rajeunit la salle du premier qui sert toujours de chapelle; on agrandit les fenêtres, on érigea un beau Chemin de croix, et, en la fête de l'Adoration, le 12 mai, grâce à une décoration d'un goût impeccable, et qui ne peut pas être plus belle, nous avions l'illusion d'être dans un petit coin du Paradis.

Malgré tout, les Sœurs attendent toujours que l'heure sonne de refaire leur maison d'abord, et ensuite elles songeront à leur chapelle. Si elle est belle, à proportion de ce qu'elle aura été désirée, ce sera une petite merveille.

II. — Bacouel, canton de Conty (Somme).

Maison de retraite pour les Religieuses.

Bacouel est un petit village du canton de Conty (Somme), bâti sur les bords de la Selle. Il compte 300 habitants occupés moitié à la culture, moitié à la manufacture de sangles et surfaix. On y remarque un château d'aspect modeste, mais agréablement situé dans l'île formée par les deux bras de la Selle et agrémenté d'un parc bien dessiné et bien ombragé.

La Communauté des Sœurs de Bacouel a commencé par une petite ferme de Plachy, cédée avec une autre propriété à notre Mère fondatrice le 30 septembre 1876 par M. Hamiaux, comme paiement de sa pension à vie dans la maison de la rue Deberly.

Notre Mère loua un certain nombre de journaux de terre à Mme de La Moricière et à un propriétaire de Plachy, prit un domestique, acheta le matériel de culture voulu et se mit à exploiter cette ferme dans le but de venir en aide aux maisons d'Amiens. De 1876 à 1881, notre Mère fondatrice, Mère Marie-Marthe et Mère Marie-Joseph y restèrent à tour de rôle, aidées d'une autre Sœur et d'employés salariés. Elles allaient à la messe à Bacouel où résidait M. le curé. M. le baron et Mme la baronne de l'Épine s'émurent de cette situation. Ayant quitté leur château de Bacouel pour celui de Prouzel qu'ils venaient d'hériter de Mme de La Moricière, ils offrirent aux Sœurs la location de leur propriété. Le bail fut signé le 9 septembre 1881. Les Sœurs louèrent elles-mêmes leur ferme de Plachy et s'installèrent au château de Bacouel, où sur le conseil de M. le vicaire général Fallières, elles reçurent un certain nombre d'orphelines.

M. l'abbé Dorion, pensionnaire à la rue Martin-Bleu-Dieu, devint aumônier de Bacouel. Il dit la messe d'abord dans une chambre du 1er (la 1re à gauche quand on est en face du château) et bientôt dans le grand salon du bas auquel on joignit la grande salle (les deux pièces du bas à droite devinrent la chapelle), les deux pans de murs qui soutenaient la porte à deux battants restèrent jusqu'en 1909. — L. R. P. Gugholtz avait obtenu de sa maison de Saint-Acheul tout ce qu'il fallait pour une chapelle.

Il vint visiter la propriété avec M. Estienne, supérieur; on agita le projet d'un local pour le noviciat, pour les pensionnaires, mais le projet fut abandonné pour le moment; il fut repris et exécuté plus tard par notre Mère Marie-Marthe. Le 4 mars 1883 arrivèrent deux jeunes postulantes sous la conduite de Mère Marie-Joseph. Jusqu'en 1885, ce fut le P. Gugholtz qui se chargea de la formation des novices et des postulantes; à sa mort, en 1885, M. l'abbé Hareux, vicaire de Saint-Jacques; en 1892, M. l'abbé Depoilly, curé de Vers; en 1900, M. le chanoine Vasseur, ancien supérieur de Saint-Stanislas d'Abbeville; en 1907, M. l'abbé Charlet, directeur au Grand Séminaire d'Amiens; en 1913, M. l'abbé Jolly, curé de Leuilly; en 1916, M. l'abbé Caffin, curé de Saint-Sauflieu; en 1917, M. l'abbé Lecul, prêtre en retraite; en 1919, M. l'abbé Poteaux, curé de Dury, furent successivement chargés de cette délicate fonction. M. l'abbé Baillet, ancien vicaire du chapitre, pensionnaire de la rue Martin-Bleu-Dieu depuis août 1877, était venu se fixer à Bacouel en novembre 1886, en remplacement de M. Dorion, parti au mois de janvier précédent; il y mourut le 23 octobre 1898; M. le chanoine Vasseur, arrivé le 11 septembre 1898 se donna tout entier à l'œuvre pendant dix ans. Il mourut le 7 mars 1907 et fut enterré dans le cimetière de Bacouel à côté de M. le chanoine Bulot, ancien doyen de Rozières, décédé le 23 juin 1904; pendant sept ans, il avait été un sujet d'édification pour tous.

Comme nous l'avons dit, Mère Marie-Marthe devenue supérieure générale, reprit le projet d'un local pour le noviciat; elle fit aménager les dépendances du château, granges et remises, et les convertit en un palais bien simple, mais d'une simplicité luxueuse. Mgr Dizien, accompagné de MM. les vicaires généraux Dely et Guignot, de M. le baron de l'Épine, vint le bénir solennellement le 24 mai 1900. Jusque-là le noviciat s'était tenu dans une petite salle du château, la première du bas à gauche, puis pour être un peu plus au large, dans ce que nous appelons la serre, le petit bâtiment du parc qui est devenu un atelier après avoir été grande cuisine de l'ambulance de 1918. Entre cette serre et la table de pierre qui existe encore et qui a été faite avec une ancienne meule de moulin, il y avait une hutte couverte en chaume qui autrefois servait d'abri au garde. C'est là qu'on faisait la crèche. La nuit de Noël après la messe, prêtres, Sœurs, orphelines, vieillards et mêmes les chiens qui prenaient un air de circonstance, se rendaient à la crèche. Ce pieux pèlerinage se faisait ensuite tous les jours jusqu'au 2 février; pendant longtemps il eut lieu après la messe, plus tard après la visite au Saint-Sacrement. Tout disparut avec la hutte, en 1905.

Jusqu'à la guerre de 1914, il n'y eut à Bacouel que les événements qui peuvent marquer la vie des religieuses et des aspirantes à la vie religieuse : les retraites annuelles, les professions, les prises d'habit, cérémonies toujours émouvantes; les processions dans le parc aux fêtes du Saint-Sacrement et de l'Assomption; en 1912, le dais fut porté par les conseillers municipaux. Au mois d'août 1910, on avait orné la chapelle de vitraux fort simples : des roses et des lys, vraies leçons de choses pour les novices.

Le 7 septembre 1911, fut posée la première brique du grand séchoir à côté de la buanderie; il fut inauguré en décembre.

La première retraite de 1914, au commencement de juillet s'était passée à peu près; il y avait déjà en l'air des bruits de guerre menaçants. La seconde, commencée le 30 juillet fut marquée par des événements tragiques. — Le 1er août, le prédicateur, le P. Flambeau, un patriote, s'il en fût, et parce que patriote, fut sottement traité d'espion et crut prudent de quitter Bacouel; la retraite était finie; nos Sœurs reprirent la route de leurs maisons respectives, et elles firent bien. — Le 2, Bacouel avait des soldats; le 4, la guerre était déclarée. A partir d'octobre, les soldats en partance pour le front se succédèrent, de même les états-majors. Ce fut un va-et-vient presque continuel, avec des alternatives d'espoir et de crainte; sur la route qui longe le parc, c'est un défilé de voitures, de canons, d'autos, de camions. On ne se croirait plus à Bacouel !

Mais nous voilà au 28 mars 1918. C'est l'évacuation d'Amiens. — Le R. P. Supérieur arrive le soir à Bacouel, avec le bon Dieu d'Amiens qu'il porte immédiatement au tabernacle. Il trouve à la maison M. le curé de Saint-Remi, amené par un auto particulier, M. l'abbé Manzoni et sa famille, M. l'abbé Scrin avec sa vieille mère, M. l'abbé Delahaye avec 25 personnes de l'hospice de Mézières.

Le lendemain, 29, dès le matin, les novices partent pour Grémonville. M. Delahaye emmène aussi les pensionnaires de Mézières. En revanche nous arrive M. le chanoine Leroux et sa bonne, ensevelis sous les ruines de leur maison de la rue de l'Oratoire, détruite par une torpille dans la nuit du 26 au 27. Ils restèrent à Bacouel jusqu'au 25 juin 1919. — Des Sœurs de différentes maisons évacuées passent par Bacouel, et pour la plupart vont jusqu'à Grémonville voir notre Mère Générale. Il ne reste à Bacouel que les Sœurs qui veulent y rester. La maison n'est pas sûre, et le jour et la nuit, il faut se résigner au bruit du canon qui gronde aux environs, des bombes qui éclatent autour de nous et des obus à longue portée qui passent au-dessus du château; on en a compté un jour quarante-deux, d'aucuns disaient soixante-quatorze. L'ennemi vise surtout les gares de Bacouel et de Plachy qui sont, la première, gare de ravitaillement, la seconde, gare d'embarquement. Le 10 avril, à midi, nous conduisions M. Fernand Cousin au cimetière. C'était un pensionnaire infirme, et de plus, malade depuis quelque temps; il était resté à Bacouel, et il y était mort, bientôt après son arrivée. Ses funérailles devaient être solennelles, et avoir lieu seulement le lendemain matin. Les soldats inquiets nous conseillèrent de nous hâter et s'offrirent à nous faire eux-mêmes un cercueil de leur façon. Nos chants au cimetière étaient accompagnés par le son du canon, et nos cérémonies repérées par des saucisses plutôt lugubres.

Le 23 avril nous reçumes la visite de M. le sous-préfet de Montdidier, qui vient nous parler de l'évacuation probable de la maison; le 27, nouvelle visite, nouvelle demande, au nom du patriotisme. — Le R. P. Supérieur déclare, derechef, la chose impossible. « La Communauté compte quatre mai- « sons renversées, trois maisons évacuées, et depuis la fin « d'août 1914, nos hospices sont devenus plus d'à moitié « casernes..., nous avons fait notre devoir. — De Bacouel, « nous avons tout donné aux soldats, et de bon cœur; mais « nous nous réservons ce petit coin pour recueillir nos débris. » M. le Supérieur n'a pu convaincre M. le sous-préfet, et des wagons arrivent en gare de Bacouel pour recevoir le matériel; un autre camion vient jusqu'à la maison prendre les personnes. — Mais grâce à la bienveillance de plusieurs chefs complices — et parmi les chefs, il n'y a pas que des soldats, — nous ne bougeons pas.

On va nous établir une ambulance dans le parc et dans le noviciat, c'est l'ambulance 14/8, destinée aux soldats atteints par les gaz.

Et, en effet, le 1er mai, tout un matériel est apporté, et des tentes se dressent un peu partout; de jour en jour il en surgit de nouvelles, de toutes dimensions, depuis les deux grandes Bessonneaux, 38 mètres de long sur 17 de large, les moyennes Dikson de 20 mètres de long, au nombre de 8, jusqu'aux petites Tortoises (8 mètres de long) au nombre de 11. Il y a même une kasbah pour les noirs. — Le 18 mai, l'ambulance compte 200 gazés plus ou moins atteints. Le service est assuré par un certain nombre de docteurs et 9 prêtres infirmiers : MM. Joffrin, de Verdun; Castan, d'Albi; Mailhé, de Rodez; Alloux, de Cahors; Daux, de Rennes; Rochard, prêtre salésien; Fleury, de Meaux; Defert, de Sens; Sablayrolles, de Carcassonne.

Le 21 mai, l'un de nos gazés mourut; le 23, nous le suivons au cimetière préparé aux soldats, sur la route de Conty, ne face de notre maison. M. l'abbé Barneker, curé de Toul, aumônier militaire en résidence à Dury, vient présider les obsèques, comme il fera pour les autres morts..., un jour, il alla au cimetière en rochet et en casque...; cette précaution ne nous rassurait pas. — Deux fois il fut remplacé par Mgr Mayol de Lupé, prélat romain et officier de cavalerie. — Tout se fait dans le plus grand ordre, sous la direction du lieutenant Bouriot, qui se montra toujours fort obligeant. Le 1er juin, quatre cercueils sont là, alignés, quatre petits gazés sont là mort empoisonnés.

Le 4 juin, un tout jeune soldat, Henri Ollier, d'Aix-en-Provence, succombe à son tour. Sa mère chrétienne vint plus tard prier sur la tombe de son enfant; elle voulut fonder une messe à perpétuité et offrir un souvenir à la chapelle. Une plaque posée à côté du drapeau du Sacré-Cœur perpétuera les deux choses : Drapeau offert en mémoire d'Henri Ollier, mort à Bacouel, le 4 juin 1918.

Il est mort une trentaine de soldats jusqu'au 25 juillet. Leurs restes furent exhumés au commencement de février 1920.

Dans la pensée des chefs, l'ambulance devait être plus conséquente; on l'avait faite pour 1.200 gazés. On avait élargi les allées du parc, ouvert une nouvelle porte sur la route de Conty pour les sorties, et édifié une baraque Adrian pour les opérations pressantes. Heureusement toutes ces précautions furent inutiles.

Chefs et soldats se montrèrent d'ailleurs fort convenables et des plus accommodants. Nous fîmes, à la chapelle, les mois de Marie, du Sacré-Cœur et de sainte Marthe, et tous les soirs nous eûmes pas mal de soldats; à certains jours, plus de cinquante. Ceux qui étaient occupés dans les bureaux de Bacouel venaient se joindre à leurs compagnons du dedans, et tous s'unissaient au chapelet, écoutaient la lecture, et chantaient avec entrain, surtout le cantique final. — Tous les dimanches nous avions la messe chantée par un prêtre-soldat, et servie par des soldats. Le 21 juin, la fête de l'Adoration perpétuelle fut marquée par une messe solennelle, avec diacre et sous-diacre, acolythes, thuriféraire, maître de cérémonies; tous les offices étaient remplis par des soldats. — Le soldat qui resta le plus longtemps à Bacouel fut Charles Légaré, de Nevers, légèrement blessé. — Mais il avait 20 ans, et il était l'enfant de chœur attitré.

Les instructions furent faites régulièrement par le R. P. Supérieur, et religieusement écoutées. Nous avions parmi les assistants des hommes de valeur et fort pieux, à l'exemple de

M. Bousquet, commerçant de Carcassonne, qui servait la messe et communiait chaque matin.

Tous ces détails écrits par un témoin sont édifiants, et le lecteur pourrait croire que nous étions bien heureux. Nous l'aurions été, en effet, sans les bruits effrayants de canons, d'avions, d'obus à longue portée, sans les nouvelles alarmantes apportées par l'un et par l'autre, sans les arrivées de malheureux gazés, à moitié aveugles qui faisaient pitié, et surtout sans les morts de jeunes gens à la fleur de l'âge qui pour être rares n'en étaient pas moins terribles. — Deux morts vinrent ajouter à notre douleur : celle de Sœur Saint-Henri, enlevée à l'affection de tous le 9 juin. — et celle de Mlle Alice Ducatel, la fille du sympathique instituteur de Bacouel, mortellement blessée par une auto, au sortir de l'école, le 12 juillet, à 5 heures du soir. C'était une charmante petite fille de 9 ans. Tout ce qu'on a pu recueillir sur ses lèvres pendant les trois heures d'agonie fut le seul mot de « *maman* ». Tous les habitants de Bacouel, les évacués et les soldats, donnèrent à M. et à Mme Ducatel tous les témoignages possibles de sincère condoléance.

Le 1er juillet, vers 11 heures du soir, par une nuit toute calme, voilà que de tous côtés les chevaux s'attellent, les voitures s'ébranlent, les soldats sont sur pied. — On a reçu l'ordre de se tenir prêt à partir. Les civils eux-mêmes préparent leur petit paquet. Cette fois, c'est l'évacuation forcée, il n'y a pas de doute, à moins que ce ne soit une fausse alerte. Et, en effet, heureusement, elle était fausse. Vers 1 heure du matin, chacun regagne son gîte, à moitié rassuré... car une seconde alerte, et vraie cette fois, pouvait suivre d'un moment à l'autre.

Le 2 juillet, les soldats attendaient une visite — on avait parlé de M. Clémenceau. — Il fut remplacé par M. Mouriez, ministre attaché au service de santé. — L'enthousiasme fut moindre.

Le 14 juillet ne passa pas inaperçu. Les gazés et ceux qui les soignaient n'ont pas manqué de le fêter : il y eut grand concert dans l'après-midi à la baraque Adrian, et surtout bruyant dîner, le soir, sous les tentes.

4

A partir de ce moment-là, le nombre des gazés a considérablement diminué, et vers la fin de juillet, l'ambulance s'en va par pièces et par morceaux; le 8 août, il restait peu de chose. Ce jour-là, dit-on, Amiens était à l'abri de toute nouvelle tentative allemande et la victoire finale était certaine. Les avions viennent encore, jour et nuit, surtout la nuit, et le 26 août, ils firent encore plusieurs victimes à la gare de Bacouel : la canonnade fut particulièrement effroyable; heureusement ce fut la dernière solennelle.

Le dimanche 25 août, nous avions des soldats canadiens; vers 9 heures, ils vinrent à la chapelle, conduits par leur aumônier qui leur dit la messe. Entrés deux à deux comme les élèves du Petit Séminaire, ils se présentèrent de même à la Sainte-Table et donnèrent grande édification par leur tenue profondément chrétienne. Pour qu'il ne manque rien à la cérémonie, ils ont voulu faire la quête. Le soir, dans la cour d'entrée, ils donnèrent un magnifique concert aux gens de la maison et aux habitants du village venus pour les applaudir.

Les Sœurs peuvent célébrer en paix le renouvellement de leurs vœux, le 15 septembre, après le triduum préparatoire habituel.

Le 12 octobre, notre Mère Générale nous fait visite; elle nous arrive à 11 heures du soir; nous sommes tous debout pour la recevoir. Elle reprend la route de Grémonville le 17; elle ne se doutait pas, ni nous non plus, qu'elle ne reverrait pas son cher Bacouel, mais qu'elle y reviendrait bientôt dans son cercueil.

Enfin le 11 novembre, l'armistice est signé. — On nous dit que Paris est en délire. Nous n'avons pas de peine à le croire, à en juger par ce qui se passe dans nos cœurs à tous. Le 25, de toute notre âme, nous chantons le *Te Deum* de la victoire.

Le 17 décembre, le noviciat rentre à Bacouel. Hélas! les joies de ce monde ne sont pas souvent sans mélange. Notre Mère Marie-Joseph n'est pas avec ses enfants. Elle doit revenir le 21... le 21, personne, mais une lettre, puis une dépêche, qui nous décide à partir. — Nous arrivons à Grémonville; le 23, tout espoir a disparu. Vers 1 heure de l'après-midi, notre Mère reçoit les derniers sacrements avec la piété que nous lui connaissions, et à 6 heures elle rend sa belle âme à Dieu.

Le service se fit à la paroisse le 27, présidé par M. le doyen de Motteville, et après la messe, un fourgon automobile apporta la précieuse dépouille à Bacouel.

Les 29 et 30, tout Bacouel lui fit des obsèques solennelles.

Elle repose, comme Mère Marie-Marthe, à côté de notre Mère Fondatrice; la mort ne pouvait séparer celles qui s'étaient tant aimées et tant aidées pendant leur vie; elles ont à leurs pieds leurs chères filles défuntes, et il nous est agréable de penser, tout en priant pour elles, qu'elles sont aussi réunies dans le Ciel.

On a construit à leur mémoire un monument modeste, comme il convient à des religieuses, mais qui a sa valeur au point de vue artistique. A notre Mère fondatrice, Notre-Dame des Sept-Douleurs, on a élevé une chapelle ouverte, de style gothique, aux lignes délicates, qui protège un groupe représentant la Crucifixion. Ce groupe, exhaussé sur un socle, se détache en clair sur le granit bleuté d'Écaussines. L'ensemble d'une très bonne tenue domine, les tombes qu'il semble abriter.

Pour nos deux Mères, Marie-Marthe et Marie-Joseph, on a posé deux pierres tombales, inspirées des sarcophages antiques et exécutées en granit bleu d'Écaussines. La tombe elle-même est soulignée par une croix en relief dont les extrémités retombent sur chacune des faces. Les têtes de ces monolythes sont dominées par une croix basse et massive, à extrémités angulaires, d'un style très archaïque. Au centre de la croix, est ménagé un rectangle destiné aux inscriptions. On y lit ce détail plutôt touchant et qui a dû faire plaisir à nos Mères : première compagne, deuxième compagne de notre Mère fondatrice.

Ces monuments ont été dessinés par M. Pierre Ansart et exécutés par M. Benoît, entrepreneur à Amiens, qui fut tué pendant la guerre.

Les Sœurs ont chacune une petite croix en pierre, indiquant leur nom et leurs années de religion.

Les voici dans l'ordre où elles reposent :

Mère Saint-Stanislas (juillet 1923). — Sœur Saint-Paul de

la Croix (mai 1923). — Sœur Marie de la Résurrection (novembre 1922). — Sœur Saint-François-d'Assise (février 1895). — Sœur Marguerite-Marie (août 1891). — Sœur Sainte-Véronique (mars 1902). — Mère Marie de la Croix (août 1917). — Sœur Saint-Louis de Gonzague (mars 1914). — Sœur Marie des Anges (mai 1903). — Sœur Saint-Lazare (mai 1901). — Sœur Marie du Mont-Carmel (octobre 1920). — Sœur Sainte-Austreberte (octobre 1901). — Sœur Saint-Thomas (janvier 1920). — Sœur Marie de la Compassion (avril 1899). — Sœur Marie de la Compassion (février 1896). — Sœur Saint-Albert (février 1903). — Sœur Saint-Henri (juin 1918). — Sœur Saint-Lazare (avril 1891). — Sœur Saint-François de Borgia (novembre 1922). — Sœur Saint-Bernard (décembre 1905). — Sœur Marie de l'Annonciation (février 1906). — Sœur Saint-Dominique (septembre 1906). — Sœur Saint-Léon (novembre 1908). — Sœur Sainte-Berthe (mai 1913). — Sœur Marie du Saint-Esprit (décembre 1922). — Sœur Sainte-Radegonde (août 1919).

Ce coin du cimetière est devenu un lieu de pèlerinage, en particulier pour les religieuses.

Le 22 mars 1919, le R. P. Supérieur reprit le chemin d'Amiens.

Le 6 juin, mourait à Bacouel M. l'abbé Froidure, curé de Saint-Fuscien, qu'une maladie implacable avait amené le 30 janvier précédent.

Le mois de juin 1920 fut consacré à donner à la chapelle une ornementation modeste, mais distinguée dans sa simplicité.

Le 14 août 1920, le noviciat venait se fixer à Amiens, pour faire place aux Sœurs âgées et fatiguées, dont la terrible guerre avait usé les forces.

Et le 27 décembre 1921, nous célébrions les noces d'or du pieux aumônier, M. l'abbé Brandicourt, qui depuis septembre 1907 se dévoue à la Communauté avec la régularité d'un religieux de Saint-Benoît. Le R. P. Supérieur, les vénérées Mères et les religieuses ont saisi avec empressement l'occasion de lui dire leur admiration et leur profonde reconnaissance.

Nous aurions voulu terminer par là notre notice sur Bacouel. Mais un nouveau deuil a frappé récemment la Communauté : Mère Saint-Stanislas, Conseillère, Supérieure de la Maison de retraite de Bacouel, vient de nous quitter après quelques jours de maladie. Elle se plaignait depuis un certain temps, mais rien ne faisait craindre un dénouement aussi rapide. Elle est morte le 30 juillet dans la soirée, presque à l'heure de l'ouverture de la seconde retraite; elle avait reçu la bénédiction de Monseigneur une heure auparavant. Elle n'a nullement paru craindre la mort : elle se plaisait à rappeler qu'à l'âge de sept ans, elle priait Dieu de tout son cœur et qu'elle chantait ses louanges de toute son âme; déjà à cette époque, elle voulait être religieuse. Elle le fut pendant plus de trente-huit ans, et sa ferveur ne s'est jamais démentie. Son dernier mot fut pour le Supérieur présent : Adieu, mon Père, et son dernier signe un signe d'union à la prière générale, invoquant la Sainte Vierge : O Marie, conçue sans péché, priez pour nous qui avons recours à vous ! Elle repose au cimetière de Bacouel, tout près de Mère Marie-Joseph pour qui elle avait un vrai culte.

III. — Harbonnières, canton de Rosières (Somme).

Hospice Saint-Tranquillin.

Une dame d'Harbonnières, hospitalisée à Amiens, Mme Vaillant, offrit à la Communauté, comme paiement de sa pension viagère une maison qu'elle possédait à son village. La Mère Fondatrice qui depuis longtemps déjà nourrissait le projet d'établir à la campagne un hospice pour les vieillards pauvres, y vit un signe providentiel et accepta la proposition de Mme Vaillant.

Munie de l'autorisation de Mgr Jacquenet et encouragée par M. l'abbé Duminy, curé d'Harbonnières, Notre Mère Fondatrice y vint le 3 mai 1888; elle était accompagnée de trois sœurs : Sœur Saint-Jean, Sœur du Précieux-Sang et Sœur du Calvaire.

Il fallut six semaines d'un travail opiniâtre pour rendre la maison à peu près habitable. On y reçut d'abord un vieillard d'un village voisin qui était dans une misère noire; puis un second d'Harbonnières même; le troisième fut un cancéreux recueilli au poste de refuge que personne ne voulait ni toucher ni même regarder. C'était un bon début.

On donna à la maison naissante le nom d'Hospice Saint-Tranquillin, du nom du patron secondaire de la paroisse.

Pour subvenir aux dépenses nécessaires, Mgr Jacquenet autorisa la quête, et M. Cotté, maire d'Harbonnières, donna aux religieuses une permission écrite en termes des plus sympathiques et des plus bienveillants. Les premières quêteuses furent Sœur Saint-Louis de Gonzague et Sœur Marie du Précieux-Sang.

L'année qui suivit l'installation, donc en 1889, le nombre des vieillards augmentant d'une manière considérable, il fallut songer à bâtir. Ce fut Mère Marie-Marthe, le bras droit de notre Mère, qui fut chargée de surveiller la construction. Elle s'aboucha avec M. Cottinet, briquetier de Guillaucourt et un maître maçon, et bientôt on vit surgir un bâtiment à deux étages, nécessités par le peu de terrain dont on pouvait disposer. Au rez-de-chaussée, il y eut deux infirmeries, au premier deux dortoirs et au second la lingerie et le séchoir. Une salle fut réservée du côté de la place qui, ajoutée à une autre pièce, fut convertie en chapelle. Par la porte ouverte, les infirmeries communiquaient avec cette chapelle, et ainsi malades et infirmes, sans quitter leur lit, pouvaient assister à la messe.

Mgr Renou, ayant accordé la faveur de la Sainte Réserve, le 31 janvier 1897, M. l'abbé Marchand, curé-doyen de Rosières, bénit la petite chapelle et en même temps la première maison de l'œuvre des vieillards des campagnes. Il bénit en même temps le modeste chemin de Croix.

Mais l'hospice est toujours trop petit. Une maison voisine, dite Hôtel de la Renommée, tenu par M. Gavory est à vendre : la Communauté l'achète le 9 février 1908. Au mois de décembre suivant, elle achète une autre petite maison faisant suite à la maison Gavory. Le 17 juin 1913, elle achète encore une maison, dite maison Charlet, rue Mesmy.

Dans ces différents locaux, on a essayé de faire quelques aménagements, mais ce n'est que du provisoire, et il est nécessaire d'adapter les acquisitions nouvelles et les locaux primitifs et de construire une maison sur un plan d'ensemble.

Il en était question, lorsqu'éclata la terrible guerre qui devait détruire Harbonnières, au moins en partie.

Entre temps, on n'avait pas négligé l'édifice spirituel. D'accord avec M. l'abbé Blériot, le curé de la paroisse qui, à la suite des Duminy (1887-1898), des Dunou (1898-1906), a toujours porté le plus grand intérêt à l'hospice, la directrice avait ménagé à ses pensionnaires une retraite annuelle; avec l'approbation de Mgr Dizien, l'adoration perpétuelle fut fixée au jeudi de la semaine de la Passion et la retraite servait de préparation à cette fête et aux Pâques. Ces exercices donnés par les RR. PP. Jésuites furent très suivis, et firent beaucoup de bien, même à la paroisse. La guerre a encore brisé ce pieux usage.

Comme événements marquants, il n'y a rien de bien

extraordinaire dans un hospice. Signalons une fête de paroisse à laquelle les religieuses et les pensionnaires prirent toute la part possible, la fête de Jeanne-d'Arc du 26 septembre 1909.

Les heureux témoins de cette démonstration unique en l'honneur de la pieuse libératrice de la France, n'ont oublié ni la superbe décoration de l'église, ni le pavoisement des rues, ni surtout la Cavalcade historique qui s'est déroulée dans les principales artères d'Harbonnières — M. l'abbé Blériot qui avait préparé lui-même les six chars entre autres merveilles, pouvait espérer un succès; ses espérances ont été dépassées; le spectacle fut magnifique, la foule énorme malgré les menaces du temps, plus qu'incertain, le succès complet. Nos vieux et vieilles se sentaient rajeunis de dix ans; ils n'avaient jamais vu pareille chose. — Au commencement de novembre, M. Blériot fut nommé curé de Mers-les-Bains et remplacé par M. l'abbé Papin, directeur et inspecteur de l'enseignement libre. Tout en félicitant M. Blériot de son avancement, nous ne pouvions le voir partir sans une peine réelle; une seule chose pouvait nous consoler, le choix de son successeur. Harbonnières entre autres avantages possède la cathédrale du Santerre !

Harbonnières a pris une nouvelle importance de la guerre de 1914.

Comme dans les autres maisons, le tocsin de la mobilisation du 1er août 1914 retentit lugubrement. Il eût été plus lugubre encore si on avait pu prévoir l'avenir, même seulement pour un mois. Dès la nuit du 27 au 28, trois blessés et des soldats malades sont arrivés à l'hospice, mais le 29, à partir de 10 heures, au. bruit d'une canonnade épouvantable, les blessés arrivent en foule sous les balles qui sifflent de tous côtés; à 7 heures du soir, la bataille terminée ou à peu près, on s'occupe de coucher les plus pressants : c'est le commencement.

De cette date au 27 mars 1918 où il a fallu partir quand même, Harbonnières devient tout à la fois camp et ambulance; l'église elle-même est réservée pour les blessés qui arrivent, et l'hospice fut toujours plein ou plutôt comble. Il y passa des quantités de blessés et de grands blessés. Les religieuses et les infirmières, la plupart volontaires, entre autres Mme Prestrelle, la femme du Docteur, et Mlle Bernard mirent à les soigner tout leur talent et leur cœur. Un grand nombre de soldats furent guéris, mais un grand nombre furent aussi victimes, et on dut tant pour ceux qui étaient morts sur les champs de bataille environnants que pour ceux qui moururent dans les ambulances établir un cimetière militaire. En 1918, on comptait dans le cimetière 2.000 tombes de Français, 150 d'Anglais et quelques-unes d'étrangers. — Aujourd'hui il n'en reste plus : 600 ont été enlevés par les familles; une centaine ont été transportés au cimetière de la commune et les autres au cimetière national de Lihons.

Les religieuses, sur la demande des autorités et surtout sur la prière des familles, acceptèrent la charge de veiller sur les tombes des héros; elles furent heureuses, en rentrant aussitôt qu'elles purent, de les retrouver à peu près toutes intactes, et elles purent donner aux parents inquiets des renseignements qui furent de précieuses consolations. Citons entre plusieurs centaines les remerciements d'une dame veuve, mère de deux enfants en bas âge :

« *Allos* (*Var*), *ce* 27 *septembre* 1917.

« Madame la Supérieure,

« Comment vous dire mon immense reconnaissance pour tout ce que vous avez fait pour *lui* lors de l'atroce anniversaire. Merci, merci du fond du cœur, je ne vous le dirai jamais assez. Ma petite Éliane à qui j'ai lu votre lettre, m'a dit : « Comme elle est gentille la religieuse qui nous garde papa et comme je l'aime ! » Je voudrais vous la mener lorsque je ferai le douloureux pèlerinage, la rapprocher de mon pauvre chéri, mais elle est trop jeune et je craindrais une telle secousse. Elle aimait tant son papa chéri et elle souffre tant de ne plus l'avoir. Elle me dit souvent : « Ne pleure pas, maman, la bonne Sœur d'Harbonnières veille sur papa pour que les Boches ne nous le prennent pas, et lorsque la guerre sera

5

finie, j'irai le chercher, je le prendrai; et si le bon Dieu le veut, il le fera encore vivant. » Que lui répondre? Mon petit Georges est un trésor aussi : son premier geste est de prendre la photo de son papa en se réveillant et de lui faire mille baisers. Il veut cueillir toutes les fleurs pour papa Ali. Ah ! s'il était là ! comme il serait fier de ses deux beaux petits qu'il aimait tant ! Et vous lui avez porté, vous lui portez souvent les baisers de ses deux petits anges. Du haut du Ciel lui aussi — vous remercie, ma bonne Sœur, et c'est lui qui veillera sur vous et sur votre chère Communauté.

« J'espère ne pas tarder d'aller à Harbonnières; le calvaire sera moins terrible à gravir, puisque je vous trouverai sur ma route : avec quel cœur vous m'offrez de me recevoir ! Que vous êtes bonne et que je suis touchée de votre grand cœur qui s'ouvre à moi en toute occasion !

« Mes deux chéris veulent vous embrasser avec tout leur cœur. Leur pauvre petite maman vous assure, ma bonne Sœur, de son entier dévouement, très respectueux.

« Flore GALFARD. »

Faut-il ajouter un mot d'une mère qui depuis a perdu son mari :

« *Charpey* (*Drôme*), 28 *juin* 1917.

« Je viens d'abord vous remercier de tous les renseignements que vous me donnez et de l'entretien de la tombe de mon cher Marius. Bonne Sœur, combien je vous dois, vous qui avez remplacé et qui remplacez sa pauvre mère. Oh ! merci, il me semble voir la terre qui le recouvre fleurie par vos mains... et puis vos bonnes prières, vos communions !... Il me semble vous voir à genoux sur sa tombe et lui dire que ses parents ne l'oublient pas; mais, hélas ! ils n'ont rien fait; c'est à vous, bonnes Sœurs, que nous devons tout !

« Femme BOUVERON. »

Choisissons encore, puisqu'il faut choisir dans le livre d'or, quelques lignes du colonel de Vanssay. — Jacques, son fils, est mort à Harbonnières des suites de ses blessures, le 26 juillet 1916, à l'âge de 19 ans; il était aspirant au 8e Hussards, décoré de la médaille militaire et de la Croix de guerre avec palme.

« *Courvallain-La Chapelle-St-Rémy* (*Sarthe*).

« Madame la Supérieure,

« J'ai gardé un souvenir si bon de votre accueil quand j'ai été voir mon cher enfant à Harbonnières, le 26 juillet 1916; j'ai été si touché de ce que vous avez bien voulu faire pour lui et du soin pieux avec lequel vous l'avez placé sur son lit de mort et enseveli que je me permets de vous adresser une demande.

« Malgré notre grand désir, nous ne pouvons, Mme de Vanssay et moi, songer cette année à aller à Harbonnières faire un pèlerinage au cimetière le 2 novembre. Oserais-je vous demander de nous remplacer, d'aller pour nous faire une prière, mettre un simple bouquet sur la tombe de notre petit enfant?

« Cette tombe est entourée d'une barrière en bois avec une plaque; elle porte le no 1053 au cimetière militaire.

DE VANSSAY, ASPIRANT AU 8e HUSSARDS.

« D'avance nous vous remercions, Madame la Supérieure; vous avez sans doute bien des misères à soulager, veuillez accepter notre offrande; puisse-t-elle vous aider dans votre mission si bienfaisante. C'est de vive voix l'année prochaine que nous irons vous remercier.

« Veuillez agréer, Madame la Supérieure, l'expression de mes sentiments respectueux.

« Lt-Colonel DE VANSSAY. »

Nos Sœurs ont reçu des blessés de marque, entre autres le lieutenant Jean Dumaine, le fils de l'ambassadeur de France à Vienne. Il se disait le gâté des Sœurs, et les parents le pensaient bien un peu aussi et ils le publiaient, et en plus d'une occasion, ils surent montrer leur reconnaissance aux bonnes religieuses dévouées qui leur avaient sauvé leur enfant.

Mais tous les blessés pouvaient se croire aussi les préférés. — Les préférés étaient ceux qui souffraient davantage. — Et la nuit, comme le jour, leurs besoins étaient prévenus. — Les Sœurs avaient pris la place des mères et elles agissaient en mères.

En plusieurs circonstances, les religieuses risquèrent leur vie; entre les obus, les torpilles qui étaient des menaces ordinaires, elles pouvaient être surprises par l'ennemi et prisonnières. Cette fameuse nuit du 29 août 1914, une vingtaine de blessés étaient couchés dans un appartement sur la rue. Tout à coup une patrouille d'Allemands arrive, flaire, examine; ils menacent de la baïonnette, mettent en joue; ils interrogent : « Vous, kapout, si soldats français ici »; ils s'apprêtaient à tirer dans une fenêtre où il y avait de la lumière. Sœur Saint-Nom de Jésus saisit le bras de l'allemand : « Malheureux, s'écria-t-elle, ce sont de pauvres vieillards !... » Enfin les Allemands se retirent avec trois pains de six livres. Mais le lendemain dimanche, dès 5 h. 1/2 du matin, ils sont là de nouveau; ils frappent aux portes, de leurs crosses ils essaient de les enfoncer. Une grande porte tient bon quand même. Sous la porte, il y avait plus de 100 fusils français et quantité de sacs et d'effets. — Et nos pauvres blessés, de leurs lits, voyaient la manœuvre... moment angoissant ! Plus loin, à la porte principale, deux Sœurs, aidées d'une courageuse voisine, Mme Tricot, recevaient les indésirables et leur montraient quelques vieilles femmes qu'elles avaient assises dans la cour d'entrée. Cette tragédie dura deux heures, deux heures interminables où l'on pouvait tout craindre.

Entre temps, les blessés étaient pris sur des brancards par les vieillards valides et mis au moins hors de la vue des ennemis; il purent être un peu plus tard évacués au fur et à mesure.

Comme nous l'avons dit, M. l'abbé Blériot avait été remplacé par M. l'abbé Papin. Le calme était relatif encore à cette époque, et il fallait du courage pour venir prendre son poste sous les bombes. M. Papin arriva à l'heure pour joindre ses félicitations à tous les amis d'Harbonnières en l'honneur de la Supérieure, Mère de la Flagellation, qui le 22 octobre 1915 recevait des mains du colonel délégué par le général Joffre la Croix de guerre avec palme, accompagnée de la citation suivante : « A efficacement protégé et soigné les blessés français pendant l'occupation ennemie et, s'exposant gravement elle-même, a assuré leur liberté. A donné pendant ce temps et depuis, des preuves répétées d'un dévouement sans bornes. »

C'est M. Moullé, préfet de la Somme, qui avait signalé en haut lieu la conduite de la patriote Alsacienne, et il était heureux et fier de son geste.

Hâtons-nous de dire que M. Moullé a été, on ne peut plus bienveillant pour nos Sœurs dont il appréciait les services. L'histoire du département ajoutera que M. Moullé a été pendant cette guerre le préfet idéal : du reste lui-même a été blessé et y a perdu ses deux filles, tout son espoir et son trésor.

Le 28 novembre, le ministre de l'Intérieur écrivait à la Supérieure.

« Madame,

« Je suis heureux de vous transmettre, avec mes félicitations personnelles, copie de la citation dont vous avez été l'objet et qui a été insérée au *Journal Officiel* de ce jour.

« Le Gouvernement porte à la connaissance du pays la belle conduite de Mme Kromer Joséphine, Sœur Marie de la Flagellation, Supérieure de l'Hospice d'Harbonnières. Suit la Citation. » Le même jour, M. Klotz, député de la Somme, lui envoyait ses très vives félicitations.

Dès le 5 novembre, Mgr l'évêque d'Amiens lui avait adressé la lettre ci-jointe :

« Ma chère Fille,

« Vous avez reçu un grand honneur avec la citation à l'ordre du jour de l'armée dont je souligne avec joie les termes flatteurs. Je m'associe à cet hommage de l'armée, mais en une forme toute spéciale et en un langage que vous comprendrez aisément. Mon regard va par delà votre personne à la société religieuse dont vous faites partie et dont le dévouement patriotique se trouve ainsi consacré officiellement. Je vois plus loin encore. Par de là l'honneur de votre société, je vois la vie religieuse honorée, glorifiée, la sainte Église fière des épouses de Jésus-Christ, la religion grandie par ces décorations humaines, aux yeux du monde. Pour vous, ma chère fille, vous vous inquiétez peu de ces honneurs et vous vous demandez si Notre-Seigneur est content de vous. En son nom, moi qui suis votre père par la grâce de Dieu, je vous dis que vous avez bien travaillé pour sa gloire. Aimez le divin Maître et ses membres souffrants. d'un amour qui grandira toujours et recevez, ma chère Fille, la bénédiction la meilleure de votre Évêque.

« † ANDRÉ,
Évêque d'Amiens. »

Nous ne citerons plus que la lettre d'un médecin-chef.

« Le 7 novembre 1915.

« Madame la Supérieure,

« Permettez-moi de venir au nom de notre vieille ambulance n° 07, vous dire notre grande joie en lisant sur le journal la très belle citation à l'ordre de l'armée qu'on vient de vous accorder. Acceptez nos félicitations enthousiastes et parfaitement sincères pour une décoration que vous avez méritée mille fois, vous et les chères Sœurs qui vous entourent; combien de fois n'ai-je pas répété et pensé qu'un dévouement semblable à celui que vous avez montré pendant de longs mois ne peut pas être assez loué. Quelle que soit la récompense qu'on vous donne, elle sera incapable de montrer à ceux qui ne savent pas, toute la délicatesse, toute l'abnégation, toute la charité chrétienne que peuvent renfermer des cœurs de religieuses qui ont fait abstraction complète de leur personnalité devant le désir de se rendre utiles aux pauvres soldats blessés et de contribuer ainsi à la défense des intérêts de la Patrie !

« Soyez bien persuadée, Madame la Supérieure, que nous ne vous oublierons pas à l'ambulance n° 07 et que nous conserverons toute notre vie le souvenir attendri des chères Sœurs de l'hospice d'Harbonnières qui resteront pour nous tous le modèle du dévouement et du plus pur patriotisme.

« Mes camarades se joignent à moi pour vous prier de présenter à vos chères compagnes nos respectueuses salutations; je vous prie également, Madame la Supérieure, de bien vouloir agréer l'hommage de mon profond respect.

« Levêque,
médecin chef de l'ambulance 7/14,
secteur postal 122. »

Enfin, proclamons quelques noms parmi les principaux personnages qui ont envoyé leurs félicitations :

M. le Comte de Louvel-Lupel, maire de Warvillers.

M. le Dr Joseph Gillardin.

R. P. Voiron, aumônier militaire, chevalier de la Légion d'honneur.

M. Boyer, pharmacien aide-major.

M. J. Ruettard, officier d'administration sectionnaire de l'Hôpital complémentaire n° 11.

R. P. Jamin, aumônier militaire, chevalier de la Légion-d'honneur; et combien d'autres que nous regrettons de ne pas nommer !

Les 28 et 29 avril 1916, on fit évacuer pas mal de vieillards par mesure de prudence; les autres partirent le 27 juin. — Dans la nuit du 30 juin au 1er juillet, une dizaine de soldats étaient tués; le 9 juillet, 60 obus tombaient sur le village, tuant l'instituteur et un enfant de 13 ans, blessant un autre enfant et 15 soldats. Le 5 décembre un obus éclatait à l'extrémité de l'hospice, en blessant mortellement un soldat. — Le 4 juin M. Poincaré et le 30 juillet M. Klotz étaient venus voir les malades; tous deux rendirent hommage au dévouement des Sœurs. Le 15 septembre, c'était Mgr de la Villerabel qui faisait sa visite; M. le vicaire général Cadot assez pressé et trouvant un monsieur sur la place, le pria poliment d'aller avertir M. le Curé au presbytère. Ce monsieur qui s'exécuta de bonne grâce n'était autre que l'ambassadeur, M. Dumaine en personne.

Le 27 mars 1918, les Sœurs étaient évacuées et dirigées sur Amiens jusqu'au 10 avril 1919 où la Supérieure et Sœur Sainte-Émme rentrèrent dans leurs ruines; elles y sont encore, en attendant que l'indemnité pour dommages de guerre permette de refaire l'Hospice.

Entre temps, elles sont allées donner leurs soins aux évacuées à Morlaix. Sœur Sainte-Élisabeth, qui n'avait pas quitté Amiens, était rentrée le 30 septembre 1918. Elle soignait les débris de la Maison et elle ornait les tombes des soldats.

En juin 1919, M. Papin, nommé missionnaire diocésain, céda la place à M. Letellier, ancien curé de Montières, qui a fait la campagne. La guerre, l'expérience, l'âge l'ont mûri; il lui faut restaurer sa belle église; elle était restée debout, vaillante toujours, mais criblée de blessures... et de blessures graves ! ! ! — Aujourd'hui Harbonnières se rétablit, l'église est remise à neuf. On verra avec plaisir l'hospice se dresser de nouveau et ouvrir ses portes aux malheureux et aux malades.

IV. — Noisy-le-Sec (Seine).

Maison de Retraite de Saint-Antoine-de-Padoue.

En l'année 1888, au cours des négociations que suscita la fondation de l'école et du patronage de Bobigny, et qui n'aboutirent que plus tard, M. l'abbé Boirie, curé de la paroisse, donna à la Révérende Mère Fondatrice le conseil d'aller trouver son confrère, M. l'abbé Barthélemy, curé de Noisy-le-Sec, et de lui offrir ses services pour la fondation dans cette paroisse d'un établissement destiné à recevoir les vieillards des deux sexes, indigents ou peu fortunés.

La Mère Supérieure suivit ce conseil, et, accompagnée de ses deux Assistantes, elle se rendit chez M. le Curé de Noisy. Ce prêtre non seulement les accueillit avec bonheur, mais sans plus tarder leur fit visiter les maisons à louer. On s'arrêta à celle de M. Durin, rue du Goulet. — Peu de temps après, le bail fut passé et l'entrée en jouissance fixée au 1er octobre 1888.

Le 21 novembre suivant, Mère Marie du Saint-Sacrement et Sœur Saint-Louis de Gonzague, conduites par la Mère Fondatrice, vinrent occuper la maison.

En passant à Paris, la Révérende Mère avait demandé, pour ses collaboratrices et pour l'œuvre, la bénédiction du pieux archevêque de Paris, S. Ém. le Cardinal Richard. — Introduite par M. l'abbé Pelgé, vicaire général et archidiacre de Saint-Denis, elle reçut la bénédiction, les conseils et les encouragements du Prélat qui lui promit le concours dévoué de M. Pelgé lui-même, et termina en lui disant : « Surtout pas de dettes. »

La Mère rejoignit ses filles qui l'attendaient dans une église voisine, et la colonie se dirigea vers Noisy, où elle arriva à une heure assez avancée de l'après-midi. Le soir même, la Mère Générale était de retour à Amiens, n'ayant laissé à ses filles que des ressources, sinon nulles, au moins bien restreintes. Mais la population fut très bienveillante pour les nouvelles Sœurs. Sous la conduite d'un des vieillards qu'elles ne tardèrent pas à recevoir, le nommé Legrand, une Sœur quêteuse recueillit des légumes que plusieurs cultivateurs du pays offrirent généreusement.

M. l'abbé Barthélemy ne put assister qu'aux débuts d'une œuvre qu'il aimait et à laquelle il continuait à se dévouer, tout en modérant le zèle des hospitalières qui, disait-il, seraient bientôt envahies par tous les vieillards du pays. — Nommé à la cure de Charenton (il y mourut trois mois après son installation), il fut remplacé en novembre 1889, par M. l'abbé Fernique, lui aussi dévoué, charitable et apostolique. Ce fut sous son pastorat (1889-1906) que l'œuvre prit son vrai développement et s'installa à l'endroit où elle existe aujourd'hui.

On avait dû louer encore la maison du n° 32 de la rue de Pantin, réservée aux petites bourses, puis trois autres maisons de la même rue. Mais enfin il fallut songer à quelque chose de plus grand, et c'est alors que la Communauté se décida à acheter du terrain et à bâtir sérieusement. — Le premier terrain acheté fut celui sur lequel s'élève la maison actuelle, rue Tripier. C'était une propriété plantée de pêchers, d'une contenance de 4.400 mètres carrés environ. Elle fut achetée 25.000 francs à MM. Arthur et Georges Chauvel qui la louaient à un cultivateur. Le deuxième terrain, un peu moins grand, donnant sur l'avenue Hoche, contenait 3.300 mètres carrés et fut acheté seulement en 1897, pour la somme de 25.000 francs.

Ma Mère Magdeleine, celle qui a été la cheville ouvrière de l'œuvre de Noisy, était arrivée le 18 décembre 1889, et avait pris les rênes du gouvernement de la maison le 19 mai 1890.

Un plan de construction, dressé en 1895, par M. Émile d'Alfonse, architecte à Paris, fut soumis à S. G. Mgr Renou, évêque d'Amiens, qui autorisa l'entreprise, mais par tiers seulement, pour ne pas accumuler les dépenses.

La première pierre fut posée le 14 juin 1896, témoin l'inscription suivante gravée sur un des murs du sous-sol :

Ce 14 juin 1896,
la première pierre de l'hospice
Saint-Antoine de Padoue
a été posée et bénite
par S. G. Mgr Potron, év. de Jéricho.

Mgr Odelin, vicaire général de Paris, était Supérieur des Religieuses de Noisy et de Bobigny depuis 1894. Mgr Pelgé était évêque de Poitiers.

Tout marchait à souhait, quand un différend survenu au cours de l'année 1896 entre Mère Marie-Marthe et l'architecte vint interrompre les travaux. Mère Marie-Marthe, que la Supérieure Générale avait spécialement chargée de surveiller la construction, remarqua que le plan tracé tout d'abord n'était pas fidèlement exécuté. Après différents pourparlers où prirent part Mgr Dizien, nouvel évêque d'Amiens, Mgr Odelin, vicaire général de Paris, et les premiers intéressés, la Communauté et M. d'Alfonse, il fut convenu que l'architecte se retirerait, moyennement une indemnité raisonnable, et que l'œuvre serait désormais confiée à M. Billoré, architecte diocésain d'Amiens. Ce Monsieur qui fut officiellement investi de son mandat le 31 mai 1897, y mit tout son talent et son cœur; malheureusement il mourut un peu avant d'avoir achevé son travail qui fut terminé par M. Caron, autre architecte d'Amiens. La construction coûta fort cher, et on dut faire au Crédit foncier un emprunt de 100.000 francs qui n'est pas encore éteint (1923). On fit appel à la charité publique, et on envoya la circulaire ci-jointe.

« *Noisy-le-Sec,* 1er *mars* 1898.

« M.,

« Nous savons combien, de toutes parts, votre charité est sollicitée en faveur d'œuvres bien diverses. Nous vous demandons cependant avec confiance de lire cette courte circulaire; elle vous fera connaître le but de l'édifice en construction dont vous voyez ici l'image.

« Il y a huit ans, les Religieuses de Notre-Dame des Sept-

Douleurs et de Sainte-Marthe, dont la Maison-Mère dépend de Mgr l'Évêque d'Amiens, vinrent à Noisy-le-Sec, et, dans une humble maison, recueillirent quelques vieillards. Leur nombre bientôt s'augmenta; il fallut changer de local et, à l'heure actuelle, douze religieuses soignent plus de cent cinquante vieillards, hommes et femmes.

« Malgré de grandes dépenses et des soins aussi assidus que possible, l'immeuble est bien petit et bien incommode; le bail, d'ailleurs, touche à son terme; que faire? bâtir un hospice! c'est une œuvre hardie! mais c'était nécessaire, et la divine Providence, par quelques bienfaiteurs, nous a aidés à commencer l'hospice Saint-Antoine de Padoue.

« Il sera en l'état où le représente la vignette; pour le moment, tout manque; il n'y a que les murs et la couverture; pas une fenêtre, pas un parquet, et la charité seule de cœurs chrétiens et français nous laisse espérer que nous pourrons achever bientôt l'œuvre commencée.

« C'est bien pour une œuvre de vraie charité que nous sollicitons votre offrande, car depuis huit ans nous avons recueilli près de six cents vieillards, presque tous absolument dénués de ressources. Ils ont trouvé l'abri, la nourriture et le repos pendant les dernières années de leur vie.

« Nos chers vieillards attendent avec impatience le bonheur d'entrer au nouvel hospice; ils prient pour leurs bienfaiteurs, et nous espérons que vous voudrez bien être de ces derniers.

« L'offrande la plus légère sera recueillie avec la plus vive reconnaissance. Obtenez de vos parents et de vos amis qu'ils s'associent à votre charité, et bientôt la multiplicité des dons nous permettra de terminer l'œuvre si bien commencée.

« Adresser les offrandes à M. le Curé de Noisy-le-Sec, rue Cottereau, 5, ou à la Rév. Mère Directrice, 32, rue de Pantin, à Noisy-le-Sec (Seine).

« A tout bienfaiteur qui donnera son nom et son adresse, il sera répondu par l'envoi d'une image de saint Antoine de Padoue. »

Aussitôt finie, car on la construisit tout entière, la maison fut solennellement bénite le 6 août 1899, par S. Ém. le cardinal Richard, entouré de Mgr Odelin, Supérieur diocésain de la Communauté, de l'abbé M. Fréchon, vicaire général d'Amiens et Supérieur général de la Congrégation, et de M. l'abbé Fernique, curé de la paroisse. La bienveillance de l'Éminentissime prélat à l'égard des Religieuses de Notre-Dame des Sept-Douleurs et de Sainte-Marthe ne se démentit jamais.

Quelque temps après, un accident très grave et très douloureux marqua l'hiver de 1901. Un soir que tout le monde était couché, un des vieillards se leva, et chargea le poêle de la salle tant qu'il put, au point que les émanations de l'acide carbonique causèrent la mort de sept hospitalisés. Grande fut la douleur des Sœurs qui n'eut d'égale que la vive et constante sympathie de tous leurs amis. En tête de ceux-ci il faut ranger M. le maire et MM. les membres du conseil municipal de Noisy. Mgr Dizien se rendit à Noisy, tant pour prodiguer ses consolations à ses chères filles, que pour remercier en personne la municipalité du réconfort sympathique apporté par elle aux religieuses éprouvées.

Il est fâcheux pour M. d'Alfonse qu'il n'ait pas eu la satisfaction d'achever son œuvre, car son plan dénote une intelligence réelle. Contrairement à beaucoup d'édifices, la maison Saint-Antoine, qui a bien son petit cachet extérieur, paraît cependant bien plus belle et plus grande à l'intérieur; un sous-sol très bien compris rend les services les plus importants : d'immenses salles bien aérées et bien éclairées, de nombreuses chambres de malades, desservies par de larges corridors, et deux escaliers magnifiques, permettent de recevoir quantité de pensionnaires. On en compte ordinairement 250 : 100 hommes et 150 femmes environ. — En entrant, on a l'impression du grand et du beau, et on ne sait ce que l'on doit le plus admirer, ou des proportions grandioses qui se révèlent aussitôt, ou du luxe de propreté qui en fait une maison modèle. Elle est placée sous les auspices de saint Antoine de Padoue dont la statue termine agréablement le frontispice. Cette statue a été offerte par M. l'abbé Delafosse, prêtre de Suresnes, très dévoué à l'œuvre. — On n'a cessé d'ailleurs, depuis que la maison est construite, de la perfectionner dans les détails. Sous la direction intelligente de Mère Magdeleine, tout s'organisa au fur et à mesure, et ce qui était beau devint plus beau encore. — Les corridors et les escaliers se garnirent de belles rampes qui aident les vieillards, tout en préservant les murailles. La chapelle placée au milieu, en face de la porte principale, et à laquelle on aborde de plain-pied, est un véritable joyau; il n'y manque qu'une chose pour être parfaite, quelques mètres de plus en longueur; le dernier mot n'est pas dit.

L'autel en chêne sculpté a été offert par les familles Legrand, Gommiet et Tripier. Il était posé lors de l'inauguration de la maison ; de même les vitraux, offerts par Mme Lindet, châtelaine de Clichy-sous-Bois.

Le Chemin de la Croix a été offert, en 1901, par la famille Lecomte-Bauquechin-Dorval, de Noisy-le-Sec.

La chapelle est ornée d'un certain nombre de statues de grandeur naturelle. Celle de saint Joseph au chevet, et celles de Notre-Dame des Sept-Douleurs et de sainte Marthe qui l'accompagnent, sont le cadeau de Mère Marie-Marthe. Celle de Notre-Dame de Lourdes, avec en plus la table de communion, a été offerte par Mlle Amélie Hoekert, pensionnaire. La statue de sainte Marie-Magdeleine a été offerte par les pensionnaires, en 1902, à l'occasion de la fête de leur chère Supérieure. Le groupe de la Sainte-Agonie est le don de Mme Mayeur, également pensionnaire; il a été inauguré en 1911.

Les autres statues du Sacré-Cœur, de saint Ignace et de saint François-Xavier, et la plupart des objets servant au culte, sont dus à la générosité d'autres personnes anonymes, comme gage de leur reconnaissance.

Les pensionnaires aiment bien leur chapelle, et hommes et femmes, même ceux et celles qui ont de la peine à marcher, s'y rendent volontiers, non seulement le dimanche pour les offices, mais encore le mardi et le vendredi pour la sainte Messe, et tous les jours pour le chapelet de l'après-midi. Les pensionnaires savent aussi apprécier le talent de leur organiste, Mlle Alphonsine Babé, véritable artiste qui conduit sa voix, comme son clavier.

Le jardin a été l'objet d'une attention particulière de la part de Mère Magdeleine. Sillonné d'allées ombragées de tilleuls en pleine vigueur, il fournit aux valides, même aux aveugles, un champ de promenade très apprécié; des bancs placés de distance en distance permettent de venir se reposer, tout en prenant le grand air. Un Calvaire monumental y a été élevé dès les débuts, par les soins de M. l'abbé Fernique. Il donne sur la rue Tripier; une trouée dans le mur de la clôture permet aux passants de le remarquer et de le saluer.

Deux statues, en métal bronzé, l'une de saint Joseph, du côté des hommes, l'autre du Sacré-Cœur, du côté des femmes, rappellent à la piété et à la prière. Ces deux statues ont été bénites le 22 juillet 1900.

Une troisième statue, Notre-Dame de Lourdes, tout à fait semblable à celle des Roches Massabielle, située au fond du jardin, sur la rue Hoche, a été bénite solennellement, à la suite d'une procession, le 15 août 1911, par M. le chanoine Cauet, supérieur général de la Communauté, qui a prononcé le discours.

Des images, souvenirs de cette belle fête si touchante, ont été distribuées aux habitants de la maison et aux jeunes filles du patronage. Tels pensionnaires ne descendent jamais au jardin sans aller faire leur prière à Notre-Dame de Lourdes.

C'est dans le jardin de l'établissement que se font les processions de la Fête-Dieu sous la présidence de M. le curé et la direction de MM. les vicaires de la paroisse, et suivies par les pensionnaires de la maison et les fidèles de la ville. Recueillement, piété, chants religieux, le cadre verdoyant et fleuri, les reposoirs ornés par les religieuses aidées par les artistes de céans, tout fait de cette procession une petite scène du Ciel.

Nous avons parlé de M. l'abbé Barthélémy et de M. l'abbé Fernique, curés de la paroisse et profondément dévoués à la Maison de Saint-Antoine. — M. Fernique, caractère ardent, mais cœur d'or, pas toujours d'accord avec Mère Magdeleine pour les détails, mais juste appréciateur des qualités de la Supérieure et défenseur intrépide des intérêts de la Communauté, fut obligé par la maladie de se retirer; il prit sa retraite à Palaiseau en 1906; il y est mort le 18 janvier 1915.

Il eut pour successeur M. l'abbé Merley, premier vicaire de l'Immaculée-Conception, à Paris. M. Merley se montra le digne continuateur de M. Fernique, dans son sympathique dévouement pour la maison, mais il ne resta que six ans. Il mourut à la fleur de l'âge le 27 octobre 1912. Le 15 décembre de la même année, M. l'abbé Gilly, curé de La Plaine-Saint-Denis, était installé curé à Noisy. — Tout jeune encore, il promet une belle et longue carrière.

C'est un acte de justice de nommer ici M. l'abbé Gastambide, le vicaire qui a présidé aux débuts de l'œuvre et qui s'y est donné tout entier. Séances de lanterne magique dans un local improvisé moitié planches et moitié papier goudronné, qui servait de réfectoire aux hommes. — Scènes amusantes en plein air avec le concours des jeunes gens du Patronage, M. Gastambide n'a rien négligé pour rendre le séjour de Noisy agréable aux pensionnaires.

M. Gastambide, auteur de plusieurs ouvrages sérieux, est aujourd'hui curé de Saint-Étienne, à Issy.

En 1908, M. l'abbé Le Guillou, aumônier, s'étant retiré pour cause de santé, la fonction en fut confiée à M. l'abbé Gros, vicaire, puis, en 1913, à M. l'abbé Morel.

En 1908, sur les conseils de M. Douillet, architecte à Amiens, et sous la direction de M. Delépine, entrepreneur à Noisy, furent construits, en dehors du corps de bâtiment principal, mais tout à fait à portée, un grand réfectoire et des cabinets hygiéniques pour les hommes. — On éleva aussi la chapelle des morts, sur l'avenue Hoche. Une grille ouvre sur cette avenue, tout près de l'église, ce qui facilite les convois funèbres.

Au mois d'octobre 1911, la Communauté acheta pour 35.000 francs une maison voisine, également sur l'avenue Hoche, appartenant à M. Aubert. Il est juste de remercier ici de nouveau M. Gay, le sympathique maire de Noisy, de l'obligeance qu'il a mise dans cette circonstance, comme en une foule d'autres d'ailleurs. Mère Magdeleine aménagea, avec tout le confortable possible cette maison, plutôt bourgeoise, réservée à des pensionnaires qui désirent un peu plus la solitude. Elle fut solennellement inaugurée et bénite sous le nom de pavillon Saint-Joseph (du nom de notre Mère Générale) par le chanoine Cauet, le 23 mai 1912.

Il y avait, également à côté de la maison Saint-Antoine, sur la rue Tripier, un autre pavillon que depuis longtemps convoitait Mère Magdeleine. Elle eut la consolation avant sa mort de le voir acheter à Mlle Blancheteau pour 18.000 francs le 7 janvier 1914. — Loué à M. le Dr Boulet, il devint libre par suite d'arrangements à l'amiable en octobre 1915. — En décembre, avant qu'il fût complètement approprié, il abritait déjà trois pensionnaires. On l'appellera, comme de juste, pavillon Sainte-Magdeleine.

Le 20 novembre 1908, le nouveau supérieur de la Communauté faisait sa première visite à Noisy. Le discours par lequel les pensionnaires le saluèrent dira mieux que personne l'accueil qui lui fut fait.

« Très Révérend Père,

« Les vieillards de l'Hospice Saint-Antoine de Padoue sont heureux de vous présenter leurs hommages, et de vous souhaiter la bienvenue.

« Il y aura bientôt un an, la maison était dans la tristesse. Une nouvelle aussi terrible qu'inattendue nous annonçait qu'il avait plu à Dieu de rappeler à Lui M. le chanoine Fréchon, votre regretté prédécesseur. Cette nouvelle plongeait dans un deuil profond toute sa famille religieuse.

« Donnons un pieux souvenir à sa mémoire vénérée !

« Aujourd'hui, la maison est dans l'allégresse : elle reçoit la première visite de son nouveau Supérieur. Son bonheur est bien légitime.

« Il semble, en effet, que la divine Providence ait voulu maintenir la tradition de sa magnifique et si célèbre abbaye de Saint-Riquier qui a donné à l'Église tant de personnages illustres. Elle a désigné comme Supérieur de la Communauté des Sœurs de Notre-Dame des Sept-Douleurs et de Sainte-Marthe, Vous, le Supérieur si distingué du Séminaire, continuation naturelle de la fameuse abbaye.

« Vos vertus et vos mérites, Très Révérend Père, vous avaient devancé à Saint-Antoine de Padoue. Il suffit, pour s'en convaincre, de se reporter au compte rendu des belles et touchantes fêtes de vos noces d'argent :

« Votre vocation si précoce et déjà si sérieuse.

« Vos débuts si beaux et si édifiants dans le Sacerdoce.

« Votre savoir si étendu, et votre tact si paternel dans la direction du Séminaire.

« Tout vous recommandait particulièrement au choix judicieux de Mgr l'Évêque d'Amiens.

« Dieu en soit loué !

« C'est donc avec la plus grande confiance que, tous, nous venons vous assurer de notre entier dévouement.

« Notre maison n'a pas la renommée universelle de Saint-Riquier, mais sa réputation, plus modeste, est néanmoins si bien établie, que sa prospérité, toujours croissante, est assurée pour longtemps encore, et cela, grâce aux soins généreux et au dévouement sans bornes de nos bonnes Sœurs.

« Qu'elles nous permettent de leur adresser ici nos bien sincères remerciements.

« En terminant, il nous reste à formuler un vœu ardent (peut-être entaché d'un peu d'égoïsme, mais, vous le savez, Très Révérend Père, la perfection n'est pas de ce monde) c'est que le bon Dieu vous conserve, Vous, Très Révérend Père, à la tête de la Communauté, et nos bonnes Sœurs, à la direction de la maison de Saint-Antoine de Padoue. C'est ce que nous lui demanderons constamment dans les prières que nous lui adresserons du plus profond du cœur ! »

En 1909, sur la demande de Mgr Amette, une autre œuvre, non moins belle que celle des vieillards, fut confiée aux chères Sœurs de Noisy, ce fut le Patronage de Sainte-Marie. Un groupe de jeunes filles fut bientôt formé, qui donna dès le début les plus belles espérances. Les premières, et on pourrait les appeler les colonnes, furent Mlles Marcelle et Germaine Ronet, deux sœurs appartenant à une des familles les plus catholiques de Noisy; elles attirèrent ce qu'il y avait de plus sérieux parmi la jeunesse féminine, et bientôt le patronage compta une trentaine de jeunes filles au-dessus de 16 ans et une soixantaine, moins âgées, qui se réunissent à la maison tous les dimanches et jeudis.

« Deux retraites furent données, en 1912 et 1913, qui firent le plus grand bien. Les prédicateurs se donnèrent beaucoup ; la grâce de Dieu fit le reste, mais là encore le grand ouvrier et le grand procureur fut Mère Magdeleine. — Prières, catéchismes, chants, musique, jeux de société ou gambades dans la cour réservée, telles sont les attractions. Le jeudi, on travaille à la couture. — Les vieillards aiment à entendre le bruit de cette jeunesse qui leur rappelle leur bon temps. — Les belles fêtes auxquelles ils furent invités, achevèrent de conquérir toute leur sympathique et reconnaissante estime.

Une première séance fut donnée le 30 janvier 1910; une deuxième, plus solennelle, le 29 novembre 1910, sous la présidence de M. l'abbé Merley et de M. le chanoine Cauet. On y a représenté Jeanne d'Arc, drame en 5 actes, avec chœurs de M. l'abbé Mourot. — 26 personnages. — Quelques intermèdes plaisants pour reposer l'attention.

Le 13 août 1911, les jeunes filles donnèrent une séance en l'honneur de Mère Magdeleine et jouèrent *La Magdaléenne,* drame en 3 actes, de Imbeu, avec apothéose. Cette pièce, difficile à rendre, où figurent entre autres : Jésus, Jean, Pierre, Lazare, Magdeleine, Marthe, Gamaliel, Nicodème, ne fit qu'exciter l'ardeur des artistes qui en furent récompensées par leur succès. — Deux autres grandes séances, le 19 janvier et le 29 novembre 1913, sous la présidence de M. l'abbé Gilly, ne le cédèrent en rien aux précédentes. Nommons pour la postérité les principales artistes : Mlle Alphonsine Babé, organiste, qui se charge de la partie la plus difficile pour la préparation et l'exécution; Mlles Marcelle et Germaine Ronet, Marguerite Saincoin, Henriette Huet, Marie et Blanche Keller, Thérèse Sensier, Raymonde et Laurence Avérède, Marie Clément, Augusta Passot, Marguerite Kieffer, Germaine Bonnot, Germaine Gilbert, Marguerite et Marthe Gérôme, Cécile Kept, Paulette Gatignon, Cécile Marchal, Marie Gilbert, Georgette Boyer, Lucia Passot, Marcelle et Louise

Drieux (1). M. Joseph Ronet, le frère aîné de Mlles Marcelle et Germaine Ronet, préparait tout ce petit monde avec une compétence d'artiste et un zèle d'apôtre (2).

Des récompenses particulières étaient accordées aux plus méritantes, et aucune des privilégiées n'oubliera ni les promenades de 1910 et 1911 à Versailles, ni surtout les excursions des 3 juin 1912 et des 23 juin 1913 à Amiens et à Bacouel. — Amiens, siège de la Maison-Mère. — Bacouel, siège du noviciat de la Communauté, est doué d'un parc de toute beauté à cette époque de l'année. Ces souvenirs demeureront au cœur de chacune, comme le mémorial de la bonté, de la tendresse de Mère Magdeleine pour ses enfants; car rien que de se rappeler les tas de foin, quelque peu maltraités, Pépère, de riante mémoire, suffira pour rendre la bonne humeur et la confiance, s'il est besoin ! ! !

Dans les premiers mois de l'année 1915, quelques jeunes filles voulurent, dans un pieux élan, former un groupe de Noëlistes; les Noëlistes, on le sait, constituent une grande association catholique, qui a pour but la sanctification de ses membres et l'apostolat. Grâce au R. P. Le Mintier, le groupe local de Noisy fut vite organisé et aujourd'hui il compte 15 membres; déjà il a fait baptiser sept enfants, et il aide beaucoup le patronage. Les Noëlistes enseignent le catéchisme et la couture, y sèment la piété par la parole, et surtout par l'exemple.

Mentionnons celle qui a pris l'initiative et qui est la présidente de ce groupe, Mlle Marie-Anne Bouzier. — On ne sera pas surpris quand on saura qu'elle est la sœur de Marthe, de Pierre, de Jean et de Jacques Bouzier dont nous aurons l'occasion de parler.

Nous ne pouvons, en effet, quitter le cher patronage sans signaler la mort édifiante, j'allais dire admirable, de Mlle Mar-

(1) Si l'auteur a oublié quelqu'une des méritantes, il lui demande humblement pardon, et promet de mettre son nom dans la prochaine édition, si elle veut bien réclamer.

(2) M. Joseph Ronet, hélas ! est tombé dès le début de la guerre, le 3 octobre 1914, à Courcelles-le-Comte, près d'Arras. Il laisse trois petits enfants.

the Bouzier, l'une des Enfants de Marie les plus ferventes, décédée le 23 novembre 1912, dans sa dix-septième année. Nous ne résistons pas au désir que nous avons de consigner dans cette petite notice les quelques lignes écrites sur cette enfant privilégiée, au lendemain de sa mort.

Née de parents chrétiens, Marthe Bouzier reçut une éducation religieuse des plus solides. — De bonne heure, sa pieuse mère lui avait appris à mépriser les vanités de ce monde. Elle lui avait enseigné, plus encore par ses exemples que par ses paroles, à vivre de l'esprit de sacrifice, d'abnégation, d'oubli de soi-même. Ainsi élevée, Marthe grandissait et donnait à tous les plus belles espérances.

Ses parents remerciaient Dieu de leur avoir donné une si bonne enfant.

L'aîné de ses frères était entré au grand Séminaire, à Versailles. Grande était la joie de la famille à la pensée du jour où il monterait à l'autel, offrirait pour la première fois la Divine Victime, et leur Marthe s'en réjouissait plus que personne. Elle aimait beaucoup son frère, et pour les parents, la joie, l'honneur d'avoir un prêtre parmi leurs enfants, les dédommageait grandement des rudes épreuves qu'ils avaient déjà subies.

Hélas ! leurs espérances ne furent pas de longue durée. A peine enrôlé dans la cléricature, ce fils chéri leur fut ravi par une mort inattendue (1). Ce coup fut terrible; Marthe surtout en conçut une si profonde douleur qu'il lui fallut toute la force de sa foi pour se résigner à la volonté de Dieu.

Dès ce jour, plus détachée que jamais des vanités du monde, et de tout ce qui peut charmer une jeunesse de quinze ans, elle ne songea plus qu'à se dévouer à sa mère, cette véritable femme forte dont parle la sainte Écriture, et à l'aider dans l'éducation de sa sœur et de son frère, plus jeunes, qu'elle

(1) Dans son discours à la distribution des prix du petit Séminaire de Versailles le 22 juillet 1909, Mgr Gibier disait en parlant de Pierre Bouzier, licencié ès-lettres à vingt-deux ans : « Je puis le dire, c'était un prêtre en fleur, *sacerdos in flore*. Je prends à témoins ceux qui sont venus auprès de lui pendant ses derniers moments. Il a fait une mort de prédestiné. »

aimait d'une affection toute spéciale. Chaque jour, elle et son petit frère faisaient une prière particulière pour obtenir du bon Dieu ce qu'elle appelait une grande faveur : que cet enfant reçût de Dieu la vocation ecclésiastique.

Assurée d'être exaucée, notre pieuse jeune fille entourait son frère de la plus maternelle sollicitude. Douée de toutes les qualités de l'esprit et du cœur qui font la jeune fille chrétienne accomplie, elle était la joie de son père, la consolation de sa mère, le bonheur de tous ceux qui l'entouraient. Elle était aimée de tous ceux qui la connaissaient. Ses compagnes l'admiraient. Elle était pour elles un modèle de vertu, de piété, de modestie. — Ses parents concevaient sur leur bien-aimée fille les plus belles espérances, lorsqu'une nouvelle épreuve inattendue vint les frapper. — Soudain Marthe tomba dangereusement malade. Tous les moyens furent employés pour la sauver, mais tous furent inutiles. La consternation était profonde dans toute la famille. Seule, notre chère enfant restait calme et souriante, d'une résignation extraordinaire. Sentant venir la mort, elle ne pensa plus qu'à s'y préparer. Ses entretiens étaient célestes. Le bonheur de voir Dieu et celui du Ciel en était le sujet habituel. Toutes les personnes qui l'ont vue et entendue n'oublieront jamais l'édification que cette jeune fille leur donna pendant les jours de sa maladie. Son seul souci était de penser à la peine que sa mort allait causer à sa famille, surtout à sa mère. « Ne dites pas à maman que je vais mourir », disait-elle aux religieuses qui la soignaient. — Puis, lorsqu'elle sut que ses parents voyaient son état, elle disait à sa mère : « Va, ne pleure pas, mère chérie, je vais mourir, il est vrai, mais je m'en vais au Ciel rejoindre mon bien-aimé frère Pierre. N'est-ce pas que tu me feras enterrer près de lui, à Versailles? Je ne demande que cette faveur pour le pauvre corps qui bientôt sera réduit en poussière. Qu'on ne mette ni fleurs, ni couronnes sur mon cercueil, mais tout simplement une belle croix; que les Enfants de Marie et du Patronage l'entourent, et surtout qu'elles prient pour moi. — Moi partie, quand papa et mes grands frères seront à leur bureau, quand Madeleine et André seront à l'école, tu seras bien seule et il me semble que tu vas t'ennuyer de ta grosse Marthe; mais, je t'en prie, ne t'ennuie pas; lève alors les yeux au Ciel; fais une petite prière pour les absents, et le bon Dieu te consolera. »

Et comme sa mère lui disait que si la Sainte Vierge la guérissait, elle faisait le vœu d'aller à Lourdes, en reconnaissance, à moins qu'elle, sa fille, n'ait fait un autre vœu, Marthe lui répondit : « Mère, je n'ai jamais formé qu'un vœu, celui de me faire religieuse pour soigner les pauvres et les malades. »

La mort s'avançait, la fin approchait. Marthe demanda de faire la sainte communion une dernière fois.

Bien volontiers, M. l'abbé Laligant, le vicaire dévoué qui connaissait et avait suivi de près sa malade, accéda à son pieux désir. Mais avant de recevoir le saint Viatique, la jeune fille voulut réunir toute sa famille pour la grande cérémonie. Et tout d'abord, elle demanda humblement pardon à son père, à sa mère et à ses frères et sœurs de toute la peine qu'elle avait pu leur faire durant sa vie. — Puis, s'étant profondément recueillie, elle reçut Notre-Seigneur comme une prédestinée. — Elle seule était calme, comme tout abîmée en son Dieu qu'elle allait voir pendant toute l'éternité.

Tous les assistants fondaient en larmes, malgré leurs efforts pour cacher leur émotion, plus que légitime.

Tout le jour se passa en saints entretiens. — Vers le soir, l'agonie commença, et doucement, vers le milieu de la nuit, elle rendit souriante encore, sa belle âme à Dieu. C'était le 23 novembre.

Le désir de ses chers parents désolés, mais résignés et soumis à la volonté de Dieu, était de réaliser les dernières volontés de leur fille bien-aimée, mais comment la faire enterrer près de son frère, dans le cimetière de Versailles? D'abord était-ce possible? et puis à quelles conditions? La concession de son frère avait été achetée pour dix ans; or, pour y enterrer une étrangère à la ville, il fallait acheter la concession à perpétuité. — Coût, 500 francs et, de plus, tous les frais de transport, de Noisy à Versailles. Une personne charitable avait donné la somme nécessaire pour le transport, mais, à leur grand regret, les parents se voyaient obligés de renoncer quand même à ce projet, et la veille de l'enterrement, l'un des frères sortait du téléphone où il venait d'annoncer la fin des négociations, lorsqu'il rencontra le fils de son patron qui lui dit : « Je viens de chez vous porter un pli cacheté. » — Ce pli cacheté contenait 500 francs. Toutes les difficultés étaient levées, Marthe reposerait près de son frère, au cimetière de Versailles.

Dire la grande et touchante générosité du patron au grand cœur, qui comprit la situation, serait superflu. Pareil geste parle assez par lui-même. — Mais pour ceux qui voient plus haut et plus loin, ne semble-t-il pas que la Providence se soit sensiblement montrée, et que, sans crier au miracle et à la sainteté, choses sur lesquelles l'Église seule a droit de prononcer, nous avons le droit de penser que l'intervention de la jeune fille n'est pas étrangère à ces événements.

Le service funèbre fut ce qu'il devait être, simple, pieux, beau dans sa simplicité. — Une belle croix offerte par ses compagnes et son ruban d'Enfant de Marie ornaient son cercueil, comme elle l'avait demandé; mais le plus bel ornement encore, était la couronne que ses compagnes formaient elles-mêmes par leur présence autour de sa dépouille mortelle. M. le chanoine Cauet était présent à la cérémonie. — M. l'abbé Gros, vicaire, qui devait faire l'absoute, lui délégua cet honneur. — L'absoute terminée, les nombreux assistants qui remplissaient la nef et le cœur défilèrent devant la famille pour lui présenter leurs condoléances. — Et puis la voiture funèbre prit l'enfant regrettée et l'emporta au lieu désiré par elle, pour y dormir son dernier sommeil.

Requiescat in pace!

Hélas ! hélas ! depuis, deux nouvelles morts ont frappé la famille. Deux des frères de Marthe ont payé, de leur vie, leur dévouement à la patrie : Jean Bouzier, tombé au champ d'honneur, le 22 août 1914, et Jacques Bouzier, mort des suites de ses blessures, en février 1915.

Ne quittons pas ces héros sans renouveler à leurs parents éplorés, mais si résignés, l'hommage de nos plus sincères condoléances.

Le 21 novembre 1888, nous l'avons dit, nos Sœurs arrivaient à Noisy; le 21 décembre 1913, il y avait donc vingt-cinq ans que la maison de Noisy était fondée, et on voulut faire les noces d'argent.

Elles furent ce qu'elles devaient être, simples, mais belles et touchantes. Quantité de pensionnaires commencèrent la journée par une fervente communion.

A 9 heures, la messe solennelle d'action de grâces fut célébrée par M. le chanoine Cauet. — M. le curé de Noisy voulut bien remplacer Mgr Odelin, empêché, et fit l'allocution de circonstance. Il profita de l'occasion pour redire tout le bien fait par les religieuses, la reconnaissance qui leur est due, mais surtout la récompense promise par Celui qui tient pour fait à lui-même ce qui est fait au plus petit des siens.

Après le déjeuner, auquel assistaient M. le curé, M. le maire, le R. P. Durouchoux, le R. P. Wandrille, le R. P. Le Mintier, MM. Gastambide et Seneuze, anciens vicaires de Noisy, M. le Dr Faucillon, M. Grès, pharmacien, MM. Ronet père et fils, M. l'aumônier, MM. les vicaires Gros, Silvestre et Heil...

M. le chanoine Cauet porta un toast que nous sommes heureux de pouvoir reproduire :

« Permettez-moi, Messieurs, de vous remercier d'être venus à cette fête de famille, et de saisir l'occasion qui m'est offerte de vous remercier du sympathique intérêt que vous portez à la chère maison de Noisy, je ne dirai pas depuis vingt-cinq ans puisque nous n'étions pas nés ou qu'elle n'était pas née... pour nous, du moins pour la grande majorité, mais depuis que vous la connaissez.

« Aussi bien, en levant mon verre à votre santé, Messieurs, ne dois-je pas le lever à M. le curé de Noisy, et en général aux curés de Noisy qui, tous, depuis vingt-cinq ans, ont entouré nos religieuses et leur œuvre de tous leurs soins de père et de pasteur, à partir de M. Barthélémy qui a assisté et aidé à la fondation elle-même, et de M. Fernique qui est avec nous par le cœur, il l'a écrit à notre vénérée Mère, et qui a assisté à la bénédiction de la première pierre de la maison où nous sommes — et de la maison elle-même — cérémonie inoubliable, favorisée par la présence de S. Ém. le cardinal Richard, qui a donné à l'œuvre sa première bénédiction, il y a aujourd'hui vingt-cinq ans; à M. Merley, dont j'ai pu apprécier le zèle intelligent, jusqu'à M. Gilly, dont nous regrettons l'absence, mais dont les accents de ce matin nous répètent encore toute la sympathique estime; — aux vicaires de Noisy, les *anciens*, si bien représentés par MM. Seneuze et Gastambide qui ont secondé les Sœurs de toute manière, jusqu'à panser eux-mêmes les malades; — les vicaires actuels, devenus les aumôniers attachés à la Maison, je dis bien *attachés;* — aux RR. PP. Jésuites qui, en tous temps, ont été, quand on a eu besoin de leurs services, les aides dévoués, et qui n'ont jamais oublié que la Communauté elle-même a eu pour fondateur un des leurs; à la mémoire du R. P. Gugholtz.

« Aux RR. PP. de Picpus. Personne n'a oublié les noms ni les services des RR. PP. Philibert et Wandrille. — Mon Révérend Père Wandrille, je vous adresse mes plus sincères remerciements, et je vous charge de transmettre au P. Philibert, exilé, la nouvelle expression de notre respectueuse reconnaissance. — Aux maires et à la municipalité de Noisy, toujours favorables, toujours sympathiques, et nul ne le fut plus que M. Georges Gay. — Je suis tout particulièrement heureux de dire à Monsieur Gay tous les remerciements de la Communauté pour les signalés services qu'il lui a rendus.

« A Monsieur le docteur Faucillon qui, depuis douze ans, avec une exactitude de religieuse, avec un savoir qui n'a d'égal que son dévouement, a mis son talent au service des religieuses et des hospitalisés de Noisy, riches et pauvres, pauvres surtout. Qu'il reçoive en ce jour l'hommage et la reconnaissance de tous.

« A Monsieur Grès, ami de la première heure qui ne s'est jamais démenti. — A Messieurs Ronet, si dévoués eux-mêmes, payant de leur personne et de la personne des leurs : Mlles Marcelle et Germaine ne sont-elles pas les colonnes du patronage?

« Il m'est impossible de ne pas dire les noms des bonnes Sœurs qui sont arrivées ici, il y a aujourd'hui vingt-cinq ans, puisque ce sont elles et leur œuvre que nous célébrons : Mère de la Croix, Mère du Saint-Sacrement, Sœur Saint-

Louis de Gonzague ! — Il est juste d'y ajouter le souvenir de la Mère Fondatrice, venue elle aussi, il y a vingt-cinq ans, amener ses chères filles. — Mère Marie-Marthe qui a bâti le Noisy d'aujourd'hui — fort et grand comme son cœur. — Le nom de Mère Marie-Joseph, aujourd'hui Supérieure Générale qui, toute jeune, il y a vingt-cinq ans, accompagnait la Fondatrice, et a suivi pas à pas, et a encouragé, dans un effacement voulu, les progrès ce de qui est bien aussi son œuvre. Et enfin il est une personne dont le nom est sur toutes les lèvres, puisque c'est elle qui a donné à Noisy son développement et sa prospérité. — Au milieu de difficultés inévitables, elle a su puiser dans son grand esprit de foi et de piété, la force qui a triomphé de tout, et lui a mérité toute la confiance du dedans et du dehors, Mère Magdeleine. Ajoutons qu'elle a été puissamment secondée par Mère Saint-Ignace, une des colonnes.

« Je vous demande pardon, Messieurs, si j'ai été un peu long, mais il y a des devoirs qui s'imposent à un Supérieur en certaines circonstances, comme celles d'aujourd'hui, et je suis heureux, encore une fois, de saisir cette occasion, pour vous dire à tous le meilleur merci de mon cœur ! »

Dans l'après-midi, les jeunes filles payèrent leur tribut à la fête en représentant *Catherine de Médicis et Elisabeth d'Autriche,* drame en 3 actes, de Grech. Le succès fut complet.

Nous avons à peine terminé cet épisode bien intéressant, qu'il nous faut reprendre le deuil, *extrema gaudii luctus occupat.*

Le lendemain des noces d'argent, une messe fut chantée à la chapelle pour tous les bienfaiteurs décédés.

Le 26 novembre, donc cinq jours après, Mère Magdeleine qui était souffrante, surtout des yeux, et qui avait fait la vaillante pour ne pas troubler la fête, subissait une opération de l'œil, à Paris. Cette opération, faite par M. le Dr de la Personne, réussit admirablement, et le 10 décembre, la Mère Supérieure rentrait dans sa chère maison. Elle ne devait plus y rester longtemps.

Les malaises d'estomac, dont elle souffrait de longue date, devinrent plus fréquents et plus aigus, et dès le commencement de mai 1914, la malade dut s'aliter. Depuis lors, à travers des hauts et des bas, elle ne fit que s'affaiblir jusqu'au 10 août où son état s'aggrava d'une manière inquiétante. — Le 12, à 5 heures du soir, sur sa demande réitérée, elle reçut les derniers sacrements des mains de M. l'aumônier, et le 14, à 3 heures, elle rendait son âme à Dieu. C'était l'heure des premières vêpres de l'Assomption.

Les derniers jours, comme les derniers moments, furent édifiants de résignation et de piété. La cérémonie des derniers sacrements fut particulièrement touchante. — En présence de M. l'aumônier, Mère Magdeleine s'étant assurée que toutes les Sœurs étaient là, fit très distinctement, d'une voix ferme encore, sa coulpe ou plutôt une confession publique de toutes ses fautes extérieures, s'accusant qu'elle seule avait été la cause de leurs ennuis, et que seule, elle avait besoin de leur pardon.

Ni M. l'aumônier, ni les religieuses ne pouvaient retenir leurs larmes.

Elle demanda ensuite son Livre de Règle et lut, toujours à haute voix, l'acte de rénovation de ses vœux qu'elle termina par le sacrifice de sa vie pour les besoins de la Communauté, et pour ceux de la France, dans les circonstances présentes.

Comme Mère Saint-Ignace lui exprimait sa peine de la voir sur le point de les quitter, elle lui dit : « Ma Sœur, ne pleurez pas, nous nous retrouverons au Ciel. Qu'est-ce que ma vie? Un bien faible sacrifice, comparé à celui de la vie de tant de jeunes gens et de pères de famille qui versent si généreusement leur sang pour la France, sur les champs de bataille, à l'heure actuelle. C'est de grand cœur que j'offre au bon Dieu le sacrifice de la mienne. »

Notre Mère Générale, mandée en toute hâte, arrivait quelques instants après. Le visage de la malade s'éclaira d'un sourire filial. Notre Mère la bénit, lui dit tous les regrets du Père Supérieur, retenu à Amiens pour les fêtes de l'Assomption, et resta auprès de sa fille, chère entre toutes, jusqu'à son dernier soupir.

Les funérailles eurent lieu le 18 à l'église, présidées par Mgr Odelin. Noisy tout entier était là, M. le maire en tête, pour redire à la défunte sa sympathique reconnaissance.

Le fait est qu'elle avait consacré toute sa vie à Noisy : elle voulut même y reposer, au milieu de ce peuple qu'elle avait tant aimé, et qui le lui rendait bien.

La grande guerre était venue... Il fallut en attendre la fin avant de songer à exécuter le monument qu'on se proposait d'élever à la mémoire de Mère Magdeleine. — Nous voulions quelque chose de simple comme il convient à une religieuse, mais aussi quelque chose de beau, digne de Mère Magdeleine. C'est M. Pierre Ansart, architecte décorateur d'Amiens, qui en fut chargé, et on ne pouvait mieux choisir.

Le monument est inspiré des sarcophages antiques et exécuté en pierre des carrières d'Euville; c'est une pierre solide et d'une jolie coloration blanc rose. La croix de la partie horizontale est en mosaïque et son dispositif est en pallium. Le gros œuvre en fut confié à la maison Coutier-Vial, de Noisy-le-Sec, la mosaïque à Gaudin, de Paris, et le Christ byzantin aux ateliers Poussielgue.

Ce monument fut béni le 15 février 1921, après la messe dite pour Mère Magdeleine. Avant de le bénir, le R. P. Supérieur dit quelques mots à la mémoire de la Mère tant regrettée, et remercia l'assistance, le clergé de la paroisse M. le curé de Bagnolet, le R. P. Philibert. Il ajouta quelque discrète félicitation à M. Ansart, présent, à Mme Coutier-Vial et à ses habiles ouvriers.

Comme nous l'avons dit, la guerre était venue. Dès la fin de 1914, la maison de retraite avait envoyé à l'ambulance des Dames françaises de Noisy 40 lits garnis, du linge et des vêtements chauds. Deux religieuses, Sœur Sainte-Catherine de Sienne et Sœur Saint-Anselme, y étaient occupées de jour et de nuit. A la même époque, la maison recevait 25 gendarmes qui y furent hospitalisés pendant trente-cinq jours, puis après la bataille de la Marne, un état-major de 15 à 20 officiers avec leurs ordonnances; ils y restèrent treize mois. En plus, 20 à 25 prêtres y avaient le vivre et le couvert; ils pouvaient y dire la messe, et chaque soir se réunir avec leurs compagnons des alentours dans une salle mise à leur disposition. Pendant longtemps, Mgr Gaillard, Vicaire général de Beauvais, futur évêque de Meaux, mobilisé à Noisy, présida cette réunion.

Entre temps, des soldats, par petits paquets, et des civils, plus ou moins dénués de tout, venaient frapper à la porte de la maison hospitalière; pas un qui ne fût reçu, et quelque peu réconforté. Il est impossible de raconter en détail ce que la maison donna aux soldats résidants, aux soldats et aux civils qui passèrent, aux prisonniers de guerre. En quinze mois, grâce au dévouement des Sœurs quêteuses et à la générosité des donateurs, on expédia 1.564 paquets, plus de 1.800 chemises, autant de tricots et de caleçons, plus de 3.600 chaussettes et autant de mouchoirs, 1.700 passe-montagne et autant de cache-nez, plus de 400 kilos de chocolat et près de 7.000 cigarettes. Les pansements, les petits services, les bains, on ne les a pas comptés.

Noisy-le-Sec étant près de Paris et au pied du fort de Romainville, tout ce qui menaçait Paris menaçait Noisy, et plus d'une fois, on le sait, l'ennemi comptait bien entrer dans la capitale, au pas de parade.

Dès lors les événements de l'intérieur de la maison qui se sont déroulés pendant les années 1914 à 1918 perdirent un peu de leur importance devant les événements militaires.

Signalons cependant les principaux, et tout d'abord la nomination de ma Sœur Saint-Ignace comme Supérieure, en remplacement de Mère Magdeleine. Cette nomination ne surprit personne : Mère Saint-Ignace qu'on appelait déjà *la petite Mère* était le bras droit de la Supérieure; elle n'eut qu'à continuer ce qu'elle faisait déjà, et il n'y eut rien de changé dans l'administration. Mais à l'heure actuelle, donc plus de neuf ans après, on sent encore le grand vide laissé par la chère disparue dans la maison et dans le cœur de ceux qui l'ont connue.

Dans ses différentes visites, le R. P. Supérieur fut heureux de rencontrer à Noisy des prêtres-soldats qui avaient été ses élèves et ses confrères au petit Séminaire de Saint-Riquier : MM. Carton, Jumel, Noyelle, Sauty, Bourdon, Poyelle...

A la fin du mois d'août 1914, M. l'abbé Charles, curé de Bagnolet, devient le confesseur ordinaire des religieuses de Noisy, et aussi de celles de Bobigny. Aux labeurs d'une grande paroisse de banlieue, il a bien voulu accepter cette charge qu'il a remplie depuis plus de neuf ans avec un dévouement et une exactitude au-dessus de tout éloge.

Le 20 août 1916, le R. P. Supérieur bénit le pavillon Sœur-Magdeleine; ce pavillon, ainsi dénommé en souvenir de Mère Magdeleine, c'est la maison voisine achetée à Mlle Blancheteau — il en a été question déjà. On a abattu le mur qui la séparait du jardin des pensionnaires; on a tracé des allées, fait des trottoirs, restauré le mur sur la rue; on a même mis une plaque commémorative des travaux exécutés : « *Réédification de clôture avec modifications intérieures pour le service des dépendances : M. le chanoine Cauet, Supérieur Général, Mère Marie-Joseph, Supérieure Générale* 1915-1916 ». Le jardin ne forme désormais qu'une seule pièce; il entoure avec avantage tous les locaux de verdure et de fleurs dans la saison, et il apparaît dans toute sa grandeur et sa beauté surtout au jour où la paroisse y fait la procession du Saint-Sacrement. Les deux statues du Sacré-Cœur et de Saint-Joseph, et celle de Notre-Dame de Lourdes au pied de laquelle s'élève un reposoir monumental semblent s'animer ce jour-là et ouvrir leurs bras pour bénir l'assistance avec Notre-Seigneur.

Le 23 août 1916, le R. P. Supérieur bénit un magnifique ciboire offert par un généreux pensionnaire, M. Quantin, qui habite le pavillon Saint-Joseph; le 20 novembre 1920, ce sera une chasuble rouge, de toute beauté, toujours de la même source.

Le 12 septembre, on inaugure un petit ouvroir, sous le nom de Petite École professionnelle de couture, sous la direction de Mlle Blanche Dugland qui en fait une œuvre d'apostolat chrétien, en même temps qu'elle apprend à travailler à son petit monde fidèle.

Le 4 octobre 1918, quelques jours avant l'armistice, il y eut une grande cérémonie, l'intronisation solennelle du Sacré-Cœur dans toute la maison. Elle avait été précédée d'un triduum de prédication pour en expliquer le sens et la raison. A la messe du matin, les religieuses avaient renouvelé leurs vœux. Toutes les âmes étaient à l'unisson. A 4 heures, la cérémonie proprement dite commença par un sermon du R. P. Supérieur, qui bénit ensuite la statue et les images du Sacré-Cœur. Tous les pensionnaires présents, les moins valides se firent accompagner, voulurent venir à la table de communion recevoir leur image, et ce ne fut pas la partie la moins touchante de la cérémonie.

Le 2 décembre 1918, une bonne Sœur, Sœur Marie de la Compassion, mourait après plusieurs années de souffrances, pieusement supportées. A la Maison-Mère, pendant longtemps, elle avait soigné M. Lucien Paquet avec un dévouement vraiment maternel. Avant de mourir, elle eut la grande consolation de recevoir la visite de Mère Marie-Joseph, qui la suivit de bien près dans la tombe.

Le 19 août 1919, Marie Gilbert entrait à la Communauté de la Réparation, à Paris. Marie Gilbert faisait partie depuis longtemps du Patronage des Enfants de Marie dont elle était un des membres les plus assidus et les plus fervents. Le 16, ses compagnes avaient organisé la fête des adieux : il y eut des larmes, mais surtout des prières. — Elle n'était pas seule du Patronage à entrer au Couvent; presque en même temps, Anne-Marie Bouzier entrait à la Sainte-Famille du Sacré-Cœur à Saint-Denis; six mois auparavant, Lucienne Rébert entrait aux Petites-Sœurs des Pauvres. Dès le 15 juillet 1916, Marie Clément, une des plus gaies, 18 ans, était entrée au Carmel du Thil, près Beauvais, et elle n'y a rien perdu de son entrain.

Un certain nombre de leurs compagnes sont établies, soit à Noisy, soit à distance, mais ni les unes, ni les autres n'ont oublié la chère maison, ni les bonnes heures qu'elles y ont passées. — Plusieurs ont obtenu le brevet d'instruction religieuse. Ce furent en 1915 Mlles Madeleine Bouzier, Germaine Gilbert, Charlotte Huet, Germaine Bonnot; en 1917, Germaine Delero; en 1918, Palmyre Sayen et Denise Léonard; en 1919, Marcelle Ronet obtint le grand prix de Drancy; en 1920, ce fut Marcelle Delaune; en 1922, Marie Milhorgne.

Héritières des bonnes traditions, les Enfants de Marie

continuent à organiser de temps en temps des séances très intéressantes. C'est ainsi que le 21 septembre 1921, elles jouaient *Sainte-Odile*, grand et beau drame, avec un succès digne de leurs aînées — Mme Milhorgne avait mis tout son talent à les préparer; sa fille aînée Marie, qui avait le rôle de sainte Odile, avait elle-même peint les décors de la scène.

Le 8 septembre 1922, les mêmes artistes interprétaient une autre pièce pleine d'enseignements : *Dieu le veut!*

Le 24 juillet 1921, la maison de Noisy avait la faveur rare d'une première messe solennelle dans la chapelle. — Et le nouveau prêtre était le neveu de la Mère Supérieure; c'est dire la fête que fut cette première messe à laquelle assistèrent, en tête de tous les pensionnaires valides, ses heureux parents, son frère et le vénérable M. Avrin, son grand-père octogénaire. — Le R. P. Supérieur avait tenu à assister à cette fête qui lui permit de donner ce nouveau témoignage de sympathie à la Supérieure et à son estimable famille.

Le 10 juin 1923, on célébra le centenaire de l'église de Noisy, qui a été bénite par Mgr de Quélen, le 23 mai 1823. Cette fête valut à la maison de retraite la visite d'un évêque et d'un cardinal.

Nous ne dirons rien de la cérémonie de l'église, sinon qu'elle fut réellement belle et des mieux organisées. Outre la décoration somptueuse, les chants exécutés par des artistes, le sermon de circonstance, ce qui frappa surtout, ce fut le défilé de huit couples d'enfants de douze ans en moyenne, pris dans les familles séculaires de Noisy, costumés à la mode noiséenne d'il y a un siècle, et qui se sont acquittés sérieusement de leur rôle de quêteurs, avec les gestes et les révérences d'antan.

M. le curé avait invité pour présider la messe chantée par M. l'abbé Seneuze, premier vicaire nommé à Noisy, Mgr Chaptal, évêque d'Isionda, auxiliaire de Paris, qui fut accompagné par le R. P. Supérieur et par M. l'abbé Ferret, ancien curé de Bobigny. Mgr Chaptal présida également le déjeuner qui fut donné à la maison de retraite et auquel M. le curé avait invité les membres du clergé présent et les autorités de Noisy.

S. Ém. le cardinal Dubois, archevêque de Paris, présida la

cérémonie du soir. Elle consista surtout dans la bénédiction du monument élevé dans l'église aux soldats de Noisy, morts pendant la dernière guerre. Sur la belle plaque en marbre, magnifiquement encadrée et dominée par une statue de Sainte Jeanne d'Arc, on compte 228 noms.

M. le curé qui avait parlé des vivants à la messe, parla des morts le soir avec la même éloquence. S. Ém. le Cardinal monta en chaire à son tour, adressa avec ses félicitations et ses remerciements aux autorités, une paternelle allocution à tous les paroissiens et les engagea à se souvenir de leurs chers aïeux, et à marcher à leur suite dans la voie de la religion, de l'honneur et de la paix. A la fin de la cérémonie, *Sambre-et-Meuse,* exécuté par la musique, évoqua l'ancien évêque de Verdun qui, de son trône, rappela son voyage en Orient où il a pu constater l'influence de la France. Aux portes de l'église, le cardinal fut accueilli par une ovation qui se prolongea jusque dans la cour de la maison de retraite. Là, avant d'entrer dans la salle du patronage, Son Éminence voulut bénir les religieuses au parloir, et les pensionnaires à la chapelle. — Avant le vin d'honneur, M. Despont, membre du Conseil curial, adressa au Cardinal un salut plein de foi et de patriotisme auquel Son Éminence répondit avec tout son cœur.

Puis le Cardinal, après avoir porté la santé à tous, serra la main à chacun des cent trente assistants.

Ce fut pour tout Noisy une journée triomphale, et Noisy ne l'oubliera pas !

V. — Bourdon, canton de Picquigny (Somme).

Hospice de Notre-Dame des Sept-Douleurs.

Cet hospice a été établi tout d'abord à Longpré-les-Corps-Saints en 1889. C'est M. Gallet, notaire et maire de Longpré qui manifesta à ma Sœur Marie Saint-Louis de Gonzague, en tournée de quête, son vif désir d'avoir dans sa commune une maison pour les vieillards de la région. — La Sœur en fit part à la Mère Fondatrice qui se rendit chez M. le curé, M. l'abbé Thierry, chanoine honoraire de Limoges, qui avait été consulté et prévenu par M. le maire.

L'accord fut facile, et l'on convint d'installer la nouvelle maison dans une propriété appartenant à M. du Bos.

Trois Sœurs conduites par notre Mère Fondatrice arrivèrent à Longpré le 1er mars 1889 et reçurent les vieillards qui se présentèrent en nombre tel, qu'au bout de trois ans le bail dut être résilié. Notre Mère avait entendu parler du château de M. le vicomte Blin de Bourdon, à Bourdon, qui, disait-on, serait mieux approprié à l'œuvre comme dimensions et comme dépendances.

M. le vicomte, à qui notre Mère alla faire part de ses ambitions, se montra on ne peut plus favorable et consentit à louer son château. Notre Mère aurait voulu l'acheter à cause des grandes réparations qu'il y fallait faire. La location fut fixée à 1.000 francs par an; ou bien en abandonnant les 1.000 francs, M. le vicomte avait le droit de faire soigner à l'hospice un ou deux vieillards de son choix.

M. le vicomte donna des ordres à son bon régisseur, M. Barbare, pour qu'il fournît gratuitement tout le bois nécessaire aux travaux d'appropriation et il se montra très libéral pour les conditions fixées.

Qui aurait vu l'installation d'alors trouverait que celle d'aujourd'hui, sans être luxueuse, l'emporte de beaucoup sur la première.

Le château était inhabité depuis un certain temps, et subissait le sort de tout local inhabité, surtout à la campagne; le salon et la salle à manger dépouillés de leur parquet, contenaient jusqu'à une machine à battre que le fermier y avait installée. Il fallait donc une restauration générale et même particulière; mais chacun y mit toute la bonne volonté et l'indulgence possibles.

Religieuses et vieillards quittèrent Longpré et vinrent prendre possession de Bourdon le 17 juin 1892; les vieux étaient contents de venir habiter un château, un vrai. — La maison prit le nom d'hospice de Notre-Dame des Sept-Douleurs qui fut gravé au frontispice.

Un peu plus tard, au 1er étage, on aménagea une petite chapelle, et le 6 septembre 1896 M. le chanoine Estienne, supérieur de la Communauté, bénit la chapelle sous le vocable de Notre-Dame des Sept-Douleurs, et la maison tout entière. Le même jour eut lieu la translation de la relique de sainte Marie-Madeleine, offerte par M. Brandicourt, curé de la paroisse.

Le 8 septembre, M. le chanoine Estienne inaugura la nouvelle chapelle et y laissa la Sainte Réserve autorisée par Mgr Renou. Les Religieuses eurent l'honneur et le bonheur d'avoir presque toujours un prêtre, quelquefois même deux, et par conséquent la messe tous les jours dans leur maison. — M. le curé de la paroisse reste toujours l'aumônier en titre de l'établissement.

Les pensionnaires et les hospitalisés, hommes et femmes, donnent une population habituelle de 125 habitants.

En 1902, Mère Marie-Marthe fit bâtir un magnifique dortoir en rez-de-chaussée surélevé, consacré la moitié aux hommes et la moitié aux femmes. — Ce bâtiment n'a qu'un défaut. c'est d'avoir coûté cher, mais il est très sain, très aéré; n'ayant pas d'étage, il supporte un beau grenier pour le linge et rend d'immenses services. Les autres dépendances du château sont utilisées du mieux possible : on a l'avantage d'avoir le grand air et un immense jardin.

En 1905, on réussit à convertir salon et salle à manger en une gentille chapelle, où MM. Brasseur, père et fils, ont révélé leur talent d'ébénistes; et le 27 septembre 1905, eut lieu la cérémonie de la bénédiction et de l'érection du Chemin de la Croix.

On profita de l'occasion pour bénir aussi le nouveau dortoir.

Nous sommes heureux de donner ici le compte-rendu de la cérémonie tout entière, fait par un vieillard : les petites incorrections qu'il renferme lui donnent davantage la couleur locale et ajoutent à son charme.

Chateau-Hospice de Bourdon.
1748-1905.

Compte rendu de la Bénédiction de la nouvelle Chapelle et érection de son Chemin de Croix.

27 *septembre* 1905.

Neuf heures sonnent lorsque M. Fréchon, vicaire général, supérieur de la Congrégation des Religieuses de Notre-Dame des Sept-Douleurs, MM. Charlet et Devaux, directeurs du Séminaire d'Amiens, et M. Vaquette, curé-doyen de Picquigny, revêtus de leurs habits sacerdotaux, font leur entrée dans la salle qui précède la nouvelle chapelle, et où les hospitalisés sont assemblés.

Après un chant de circonstance, Eugène Falleur, l'auteur même de ce compte rendu, adresse la bienvenue à M. Fréchon :

« Monsieur le Vicaire Général,

« Avant que s'accomplissent les Rites sacrés de la Bénédiction de notre chapelle, et l'érection de son Chemin de Croix, laissez-moi, au nom de M. le curé de Bourdon, au nom de la Révérende Mère Marie-Marthe, Supérieure Générale, au nom de nos Sœurs et en notre nom à tous, vous souhaiter la bienvenue au milieu des vieillards qui habitent cette maison et qui connaissent, pour en avoir souffert, les peines de la vie.

« Nous le disons hautement, nous appartenons aux anciennes couches sociales, et nous sommes de ceux qui veulent du

Prêtre, l'aiment et le respectent, parce qu'il représente à leurs yeux le Christ Rédempteur, ce Martyr de l'humanité.

« Et c'est de tout notre cœur qu'en inclinant devant vous nos têtes que le labeur a blanchies, nous vous répétons, ainsi qu'aux Prêtres d'élite et aux dignitaires ecclésiastiques qui vous entourent, les paroles des habitants de Jérusalem, se précipitant au-devant de Jésus : « Béni soit Celui qui vient « au nom du Seigneur. »

« C'était le soir de notre arrivée à Bourdon, les cieux disparaissaient sous leur manteau d'étoiles, tout était silencieux. Calme et sereine, la nuit invitait au repos, à la prière, au souvenir et au rêve. Pensifs, nous examinions cette demeure qui, la veille, nous était inconnue et où nous étions destinés à mourir.

« Convaincus que les ruines, les édifices et souvent les châteaux ont leur vie et leur histoire, nous nous efforcions de lire sur la pierre l'origine et le passé de notre dernier asile. Bientôt Clio que nous avions invoquée vint murmurer à notre oreille attentive :

Point de fossés profonds, de créneaux, de tourelle
Où veillait le guetteur, jusqu'à l'heure du soir;
Point de donjon obscur, d'archer en sentinelle
Pour garder dans la nuit le repos du manoir.
C'est un riant castel au sein de la vallée,
Tout entouré de bois, inondé de soleil.
Il n'a point de prison, ni de tour isolée,
D'hommes bardés de fer attendant son réveil.
Il connut la splendeur, au temps de sa jeunesse;
Des barons, des marquis, sous ses lambris dorés,
Passaient en saluant une altière duchesse,
Et quêtaient un regard de ses yeux azurés.
Que loin sont ces beaux jours ! Le malheur et les peines
Habitent le castel, Bourdon est hôpital,
Et victimes du sort, les épaves humaines
Viennent chercher la Paix sous son toit seigneurial.
Un tapis de gazon, des tilleuls et des roses.
De la grille au perron, indiquent le chemin,
Et près du réséda, des tulipes écloses,
Vous verrez le lilas, le muguet, le jasmin.

Oh ! que de malheureux, brisés par la vieillesse,
Chassés de l'atelier, sans travail et sans pain,
En franchissant ses murs pour cacher leur détresse,
Ont vu cesser leurs maux du jour au lendemain !
Si passant en ces lieux, la sombre moissonneuse,
Qu'on appelle la Mort, vient faucher le vallon,
Pour arrêter sa faulx nous avons la glaneuse
Qui accueille l'épi tombé près du sillon.
Et près d'un lit tout blanc, égrenant son rosaire,
Vous verrez une Sœur sous son long voile noir,
Prier pour un mourant qui va quitter la terre,
Et lui parler tout bas de pardon et d'espoir.
Gravissons ces degrés : Voici l'humble chapelle
De celle qu'on nomme la Mère des Douleurs,
N'y venez point chercher ou l'or ou la dentelle,
Car pour tout ornement, vous trouverez des fleurs.
Au pied de son autel, on trouve la Prière,
Plus d'amers souvenirs, la porte du bonheur
Vous laisse sans regrets; sa voix vous dit : espère
Et invoque la Croix du Divin Rédempteur.
Le parc vous montrera ses géants séculaires,
Si vous aimez rêver de ceux qui ne sont plus,
En réveillant l'écho des sentiers solitaires,
Allons nous reposer sous ses arbres touffus.

« Remontant le cours des âges, la Muse nous dit la vie de cette grande et douce figure appelée Marie-Louise-Françoise Blin de Bourdon. Née en 1756, elle vit la Révolution, traversa la Terreur qui la jeta dans les prisons d'Amiens avec ses proches. Ame pieuse et tendre, après la tempête, elle se consacra à Dieu. Devenue Mère Saint-Joseph, elle fonda, avec Mlle Julie Billiart, la Congrégation de Notre-Dame de Namur, ayant pour but l'instruction des jeunes filles pauvres. Son temps, ses biens, sa vie, furent voués à son œuvre, et quand elle mourut en odeur de sainteté, à Namur, en 1833, c'est avec justice qu'elle put se féliciter de ne plus rien posséder en propre. Pour cette sainte femme, guider les jeunes âmes et donner sa fortune à l'indigent, c'était s'enrichir pour le Ciel.

« Ce pieux héritage de bienfaisance populaire a été noblement recueilli par M. le vicomte Raoul Blin de Bourdon, à qui nos cœurs envoient un salut de reconnaissance pour avoir ouvert les portes de son château à la vieillesse délaissée.

« En effet, à un certain moment, les plaisirs mondains trouvèrent place au manoir de Bourdon, mais bientôt fatigué de leur éclat et de leur retentissement, le château lui ferma ses portes et rentra dans le silence, jusqu'au jour où il reçut sous son toit les Religieuses que nous y voyons aujourd'hui.

« Que des Hospitalières vinssent habiter une des demeures de la famille Blin de Bourdon, était tout naturel, et l'ombre de la Mère des filles de Notre-Dame de Namur, dut leur sourire, le jour de leur installation.

« Partout où se trouvent la vieillesse, l'infirmité et la souffrance, la chapelle est nécessaire. Aussi le vénéré chanoine Estienne, l'un des premiers supérieurs-fondateurs de la Congrégation de Notre-Dame des Sept-Douleurs, vint-il le 6 septembre 1896, bénir l'ancienne chapelle. De ce jour-là, comme le disait éloquemment M. le doyen de Picquigny, il y avait un Hôtel-Dieu de plus. Nous la quittons aujourd'hui comme trop modeste et trop exiguë, mais non sans lui adresser un regard attendri et non sans lui promettre un doux souvenir, car elle a vu bien des regrets, soulagé bien des douleurs et entendu bien des prières.

« Puisse le nouveau sanctuaire, embelli par le pinceau diligent de l'un de nous, M. Henri Rêve, et que vous allez bénir, procurer l'apaisement et la consolation à ceux et celles qui viendront s'agenouiller au pied de son autel, déjà connu de leur cœur et dû au ciseau habile de MM. Brasseur père et fils.

« Oui, la chapelle console et donne la résignation; et en voyant sur ses murs le Chemin de la Croix rappelant les souffrances de l'Homme-Dieu, on est porté à dire : Moi aussi, j'ai eu mon Calvaire; à moi aussi, la Croix a meurtri les épaules; mais ici-bas, qui donc n'a point souffert, qui donc n'a point pleuré? Je suis arrivé à la dernière étape de ma vie, le tombeau m'attend, peut-être est-il là tout près; mais s'il réclame mon corps, il permet à mon âme de retourner à Dieu.

« En terminant, nous sommes heureux, Monsieur le Supérieur, de rendre devant vous et publiquement hommage au dévouement et à la sollicitude de la Supérieure, Mère du Précieux-Sang (1), et de nos Sœurs qui, non contentes d'user leurs forces à nous prodiguer des soins de tous les instants, s'ingénient pour nous rendre la vie aussi douce que possible. En retour, nous ne pouvons mieux faire que de leur souhaiter de rester sous l'égide du digne continuateur du R. P. Gugholtz, leur fondateur, et de la Révérende Mère Marie des Sept-Douleurs, leur fondatrice, et demander à Dieu qu'il leur soit donné longtemps encore de suivre les conseils et les exemples de leur vénérée Mère Générale.

« Notre reconnaissance serait incomplète si elle oubliait M. le curé de Bourdon, toujours prêt à répondre à notre premier appel, et dont la parole sincère et persuasive sait nous soutenir et nous relever.

« A tous ces noms, nous joignons ceux des bienfaiteurs de la chapelle et du Château-Hospice de Bourdon dont la nouvelle annexe réclame sa bénédiction spéciale. Enfin, que du haut du Ciel, Notre-Dame des Sept-Douleurs, Patronne de ces lieux, ratifie toutes les pieuses cérémonies de cette mémorable journée, 27 septembre 1905.

« Et daignez en agréer, Monsieur le Vicaire Général, l'hommage de notre entière reconnaissance. »

M. Fréchon répond en termes aussi aimables qu'éloquents — et, aussitôt la réponse faite, il procède rituellement à la bénédiction du nouveau sanctuaire, que le goût délicat des Religieuses, inspiré par leur cœur et doublé de leur foi, avait décoré; et, c'est sur un autel orné de guirlandes, de fleurs et tout resplendissant de lumières, que M. le doyen offre le Saint-Sacrifice, assisté de M. l'abbé Delahaye, curé de Villers-aux-Erables et Mézières, faisant fonction de diacre, de

(1) Mère du Précieux Sang était alors Directrice depuis le 8 octobre 1896.

Elle fut nommée Supérieure de la Maison-Mère le 15 décembre 1908 et remplacée à Bourdon par Mère du Sauveur, aujourd'hui Supérieure générale.

M. l'abbé Dargent, curé de La Chaussée-Tirancourt, comme sous-diacre, et servi par quatre pensionnaires de la Maison, MM. Jean Schmitt, Lucien Bérubé, Gédéon Poiret et Théophile Carbonnier.

Après l'Évangile, M. le vicaire général, prenant pour texte cette parole : *Non est hic aliud, nisi domus Dei et porta cœli,* expliqua aux hospitalisés recueillis et attentifs, que, désormais, Dieu a établi, pour ainsi dire, sa demeure tout près d'eux, et qu'ils trouveraient en Lui un Père aimant, toujours disposé à les recevoir, à les écouter, à leur pardonner et à les bénir.

A l'issue de la Messe, bénédiction de la statue de Sainte-Berthe, offerte par Mme Herbet-Marest, et de la statue de Saint-Raoul, don anonyme, patron du vicomte actuel Raoul Blin de Bourdon.

Puis, au chant du *Magnificat,* on se rend processionnellement à la nouvelle annexe pour la bénir.

Bientôt après, un repas de gala, bénit par M. le Supérieur et où règnent le contentement et la cordialité, réunit à la même table tous les hospitalisés.

A 2 heures de relevée, petites vêpres et érection du Chemin de la Croix, durant lequel M. l'abbé Devaux commenta avec talent la Passion du Christ.

Un salut solennel termine cette belle journée, et c'est sur le front incliné des vieillards et des souffrants, venus pour l'honorer dans sa nouvelle demeure, que le Très Saint-Sacrement répand sa bénédiction.

Pendant la sortie, cantique final exécuté par les Sœurs.

M. le curé de Bourdon dirigeait la cérémonie.

Nos meilleurs remerciements à M. Jules Brasseur, organiste de la paroisse, qui s'est fait entendre à la Messe et aux offices du soir, à MM. Trunnet, curé de Belloy-s.-Somme, et Cottinet, curé d'Ailly-s.-Somme, que nous avons pu apprécier comme choristes; à M. l'abbé Postel, aumônier à Picquigny.

Nous n'avons qu'une seule ombre dans le tableau de cette mémorable journée, l'absence de la Révérende Mère Marie-Marthe, Supérieure Générale et de Mère Marie-Joseph, son assistante, que la maladie et les occupations ont tenues éloignées de nous.

Il est assez piquant de constater qu'après avoir été le théâtre de fêtes splendides, entre autres la réception du prince de Croy-Sobre, et de l'amiral anglais Sidney-Smith (1815), le château relevé de ses ruines matérielles et morales, se soit métamorphosé en établissement hospitalier desservi par des Religieuses assez hardies en ces temps de persécution, pour ouvrir et bénir une chapelle, quand une révolution les ferme ailleurs et condamne à l'exil d'innocentes victimes.

Il n'est point banal non plus de voir assister à une telle cérémonie le Maire de la Commune, M. Brasseur, si sympathique à notre œuvre. Nous ne dirons plus que deux mots : notre désir le plus ardent est de voir notre fête du 27 septembre 1905 servir d'aube blanchissante à des jours meilleurs pour la Religion.

Le FALLEUR, pensionnaire.

Même dans un hospice, les jours se suivent et ne se ressemblent pas. Comme partout, il y en a de gais, il y en a de tristes. Mais à ceux qui sont dedans, donc à ceux qui pour la plupart sont souffrants, la tristesse paraît moindre. Il y en a toujours qui se chargent d'égayer les autres, et sans être Marius et Sylla, les éclopés de la vie se consolent mutuellement. A force de voir souffrir, sœurs et pensionnaires s'y habituent autant qu'on peut s'y habituer. La foi et la piété y aident puissamment, et sur le déclin de la vie, les jours s'éclairent d'une lumière qui vient d'en haut. « Hier, c'était hier, disait un malade qui se rendait compte du passé et du présent, et aujourd'hui, c'est aujourd'hui. »

Le côté matériel ne peut être négligé dans un hospice, et toujours il y a quelque amélioration à réaliser. Quoi qu'étant sur un terrain qui n'appartient pas aux Sœurs, il y a des bâtisses qui s'imposent. — Une belle buanderie a été construite avec un grenier qui servira de séchoir; on l'a bénie le 7 octobre 1913; le 8 octobre 1920, c'était toute une série de bâtiments, formant basse-cour, qui s'étaient élevés, modestes, malgré le prix, mais d'une réelle commodité.

Dans l'intervalle de ces deux transformations, un terrible drame de quatre ans s'est déroulé et Bourdon n'a pas tardé à en voir les scènes lugubres. Le 30 août 1914, des soldats de toute arme arrivaient en désordre dès le matin; de 8 heures à 3 heures, ce fut un défilé d'hommes fatigués, harassés, couverts de poussière, fiévreux, désemparés; c'est une vraie débâcle. Plusieurs ont les pieds meurtris et ensanglantés; ils ont faim, ils ont surtout soif; mais ils voient des Sœurs; ils se sentent déjà mieux; et en effet, les Sœurs pansent les b essures, distribuent la vaseline, la teinture d'iode, l'alcool camphré, l'alcool de menthe, tout ce qui, dans la petite pharmacie de réserve, peut être utile. Tout y passe, les armoires se vident en même temps; chemises (de trois à quatre cents), chaussettes, mouchoirs, serviettes, tricots, flanelles, tout s'en va; à défaut de chaussettes, on tranche des bandes dans le linge; il faut de toute nécessité envelopper les pauvres pieds.

Aucune religieuse n'est allée à la messe ce dimanche-là, première faute; il ne reste rien dans la pharmacie, presque rien dans les armoires, deuxième faute. Heureuses fautes, mes bonnes Sœurs ! et la Supérieure peut aller avec confiance demander l'absolution à la Maison-Mère. — Ma bonne Sœur, allez-y surtout vous ravitailler, car vous n'avez pas fini.

Les Sœurs n'étaient pas les seules coupables; les vieux et les vieilles émus de compassion s'efforcent de se rendre utiles et distribuent cidre, café, vin même; le lait et les œufs sont réservés aux malades.

L'hospice de Bourdon n'a peut-être jamais rendu autant de services en un jour que ce jour-là; il méritait bien le nom d'Hospice de Notre-Dame des Sept-Douleurs.

Tous les jours ne ressemblèrent pas au 30 août 1914, mais on peut dire en toute vérité qu'il passa à l'hospice des quantités de soldats, des Français, beaucoup d'Anglais et qu'ils trouvèrent toujours le meilleur accueil. Tout ce qu'il était possible de faire, on l'a fait.

Quand on a inauguré en 1913 le beau bâtiment de la buanderie, on ne devinait pas qu'il deviendrait une grande infirmerie militaire qui souvent était pleine et où des soldats en nombre incalculable reçurent les soins les plus dévoués. — En plusieurs occasions, les vieillards ont d'eux-mêmes et bien volontiers offert leur dîner et même leur lit pour ceux qu'ils voyaient plus souffrants.

Il n'eût manqué pour achever le tableau que l'évacuation forcée... et de la fin de mars au mois de juin 1918, on ne fut pas sans appréhension. Inutile de mentionner les bombes. — Bourdon eut sa part comme les villages des environs d'Amiens, mais enfin il fut préservé de l'invasion et l'armistice fut salué à proportion de ce qu'on avait souffert pendant quatre ans et plus.

Aux soldats qui ont passé et à ceux qui ont cantonné à l'hospice de Bourdon, on pourrait ajouter une foule d'évacués qui ont reçu un abri provisoire. Quatre prêtres évacués de la maison de retraite de la place de la Neuville à Amiens le 28 mars 1918 y restèrent jusqu'au 27 janvier 1919. Deux prêtres y étaient morts pendant la guerre : M. l'abbé Blondin, ancien curé de Bougainville, le 16 octobre 1916; M. l'abbé Cauet, ancien curé de Bouchavesnes, le 4 mars 1918. Deux autres y moururent en 1919 : M. l'abbé Perrin, ancien curé de Conteville, le 11 janvier, et M. l'abbé Delahaye, ancien curé et pensionnaire de Mézières, le 9 septembre. Mais un deuil qui atteignit la paroisse tout entière fut celui de M. l'abbé Caré, curé de Bourdon depuis 1907, frappé subitement au soir du 2 février 1921 dans son jardin. Sa vénérée Mère, étonnée de ne pas le voir rentrer, le trouva inanimé, son chapelet à la main. — On peut dire que Bourdon tout entier l'accompagna à sa dernière demeure.

Nous avons dit que la Supérieure de l'hospice avait été nommée Supérieure Générale le 12 mars 1919. — Il lui fallait une remplaçante. On la trouva dans la Mère Saint-Pierre, Supérieure de l'Hospice de Mézières pendant 25 ans et évacuée sous les obus le 26 mars 1918. Elle eût voulu au retour de son exil de Sully dans la Nièvre reprendre son poste de dévouement à Mézières; avec le même cœur et plus de mérites, elle se donne à Bourdon, en attendant que Mézières se relève de ses ruines.

Saluons en terminant M. l'abbé Bettembos, le curé actuel de Bourdon, et faisons les meilleurs vœux pour que la Sainte Vierge, sous les auspices de laquelle il a été installé le

15 août 1921, lui obtienne les grâces nécessaires pour réaliser tout le bien qu'il espère. Les débuts sont fort encourageants pour lui.

Il convient, en terminant, de signaler un acte de générosité princière en faveur de l'hospice. Le 10 janvier 1920, Mme la vicomtesse de Bonnault, née Griffon d'Offoy, versait la somme de 18.000 francs pour la fondation d'un lit à perpétuité.

VI. — Blangy-s.-Ternoise (Pas-de-Calais).

Hospice Sainte-Berthe.

Sainte Berthe (644-723), l'illustre veuve du comte Sigefroy, cousin germain de Clovis II, a fondé, vers l'an 675, dans sa terre de Blangy, un monastère dédié au Sauveur du monde et à sa Sainte Mère. Ce monastère se trouvait à un quart d'heure de l'abbaye qui fut depuis érigée; il s'écroula bientôt.

Berthe, encouragée par un ange qui lui indiqua un autre endroit de la propriété et lui dessina le plan de la nouvelle église abbatiale, se remit résolument à l'œuvre vers 680. En 682, l'abbaye était consacrée par Ravenger, évêque de Thérouanne; bientôt elle comptait une cinquantaine de religieuses de l'Ordre de Saint-Benoît; sainte Berthe en était abbesse et deux de ses filles Gertrude et Déotile étaient du nombre des religieuses.

Emme, une autre de ses filles, vécut au monastère sous l'habit séculier jusqu'à son mariage.

Quelques années après son érection, l'abbaye de Blangy-sur-Ternoise fut reconnue comme abbaye royale par Thierry III. — Elle eut successivement pour abbesse sainte Berthe, Déotile, Gertrude, Amalberge. Entre Amalberge et Herseude la dernière, on constate une lacune. Sous Herseude, vers la fin du IXe siècle, l'abbaye donna une généreuse hospitalité aux religieux bénédictins de Fontenelle, célèbre abbaye de Normandie au pays de Caux, obligés de fuir devant les Normands et venus de préférence au monastère de Sainte-Berthe, contemporaine de leur fondateur, saint Vandrille (648). Ils demeurèrent à Blangy une vingtaine d'années, jusqu'en 895 environ où les religieuses de Sainte-Berthe furent forcées elles-mêmes de se retirer en Allemagne.

Les Normands détruisirent l'abbaye, et pendant un siècle, ce fut un désert. Au commencement du XIe siècle, quelques prêtres vinrent se fixer à Blangy : en 1032, Roger, comte de Saint-Pol, fit venir des religieux de l'abbaye de Fécamp, lesquels joints aux ecclésiastiques dont nous venons de parler, formèrent une Communauté de Saint-Benoît qui exista jusqu'en 1791.

Sous le 60e et dernier abbé, dom Pierre Drain, le 14 septembre 1791, on mit en vente l'abbaye de Blangy consistant en lieux claustraux, église, cour, basse-cour, place, jardin, brasserie, moulin. — Le 1er août 1792, tout fut vendu une deuxième fois, et l'abbaye passa en diverses mains en peu d'années. Au commencement du XIXe siècle, eut lieu la démolition de l'église abbatiale et des lieux claustraux. Le propriétaire en avait fait enlever les toits pour reconstruire ceux de la ferme qui avaient été détruits par un incendie. Ce sont les bâtiments de la ferme qui subsistent et qui sont devenus l'hospice de Sainte-Berthe.

Voici comment s'est faite cette transformation.

Dans une tournée de quête aux environs de Saint-Pol (Pas-de-Calais), ma Sœur Saint-Louis de Gonzague s'avança jusqu'au château d'Erin, propriété de M. et Mme Maurice du Haÿs. Les bienfaisants châtelains interrogèrent longuement la bonne et digne religieuse sur l'œuvre des vieillards pour laquelle elle quêtait, sur la Communauté, et finalement, non sans avoir fait leur large offrande, ils lui dirent qu'ayant l'occasion de venir à Amiens voir l'une de leurs nièces, Mme d'Halloy, ils se feraient un plaisir de saluer la Mère Générale.

Quelques semaines après, en effet, Mme du Haÿs venait voir notre Mère, et lui demandait si elle consentirait, le cas échéant, à lui donner des religieuses pour fonder une œuvre de vieillards. La Supérieure Générale le lui promit volontiers.

Il y avait, près d'Erin, à Blangy-sur-Ternoise, un collège. Ce collège, plutôt en décadence, occupait l'immeuble de l'abbaye de Sainte-Berthe. M. l'abbé Fourcy, curé de Blangy, ayant entendu parler de l'intention de M. et Mme du Haÿs de fonder un hospice pour les vieillards de la contrée, s'empressa de leur conseiller l'achat du collège. Ce qui fut fait peu de temps après. Et, vers avril 1890, notre Mère Fondatrice, accompagnée de Mère Marie-Marthe et de Mère Marie-Joseph, arrivait à Blangy, où venaient les rejoindre M. et Mme du Haÿs pour voir les transformations à opérer, afin d'adapter l'ancien collège aux nécessités d'un hospice. Un bail emphytéotique, c'est-à-dire un bail de 99 ans, signé au presbytère de Blangy le 30 juin 1890, assura la maison aux religieuses. Une des clauses du bail portait que M. du Haÿs s'engageait à fournir tout le mobilier et le linge nécessaires pour recevoir 24 vieillards. Le 15 novembre 1890, ma Sœur Saint-Philippe Béniti venait commencer l'œuvre de l'Hospice Sainte-Berthe à Blangy. Quelques jours après, ma Sœur des Saints-Servites arrivait à son tour suivie au mois de février suivant, de ma sœur du Saint-Sépulcre.

Ma sœur Saint-Jean Berchmans y fut envoyée le 23 octobre 1893.

Le 10 juillet 1891, pendant la neuvaine de sainte Berthe, Mgr Dennel, évêque d'Arras, voulait bien bénir la nouvelle maison hospitalière. M. et Mme du Haÿs, avec plusieurs membres de leur famille et 130 prêtres, entouraient sa Grandeur, cependant qu'une foule évaluée à 1.500 personnes environ affirmait par sa présence sa sympathie à l'œuvre commencée.

Le cortège partit de l'église en procession pour aller à l'hospice; les reliques de sainte Berthe étaient portées par des prêtres, au milieu des rues richement pavoisées. La statue de sainte Berthe fut bénie par Monseigneur et replacée sur son socle au-dessus de la porte de la cour d'honneur, là où elle domine encore aujourd'hui.

Sainte Berthe reprenait ce jour-là possession de sa maison. L'établissement porte toujours son nom.

Ce furent les enfants de M. et Mme du Haÿs qui servirent les vieillards au banquet qui suivit la cérémonie. Un homme heureux, ce jour-là, ce fut M. le curé, et il était prêt à chanter le *Nunc Dimittis* de tout son cœur. La divine Providence lui permit de jouir encore pendant plus de cinq ans de son œuvre et de la voir prospérer. Il mourut seulement le 15 juillet 1896, dans sa 78e année.

Sa dernière pensée fut pour la nouvelle maison : sur son lit de mort, il voulut faire quelque chose encore. Depuis longtemps, il convoitait pour l'hospice une belle et grande pièce de terre qui l'avoisinait : il supplia M. du Haÿs de l'acheter. Le bon châtelain s'exécuta sans difficulté, heureux de donner cette dernière satisfaction au bon pasteur mourant qui avait été prévoyant dans le conseil, habile à tout disposer, actif et laborieux dans l'exécution, zélé sans fanatisme, fin sans dissimulation, sincère sans imprudence, compatissant sans faiblesse, le modèle, le type de la réserve, de la gravité et de la dignité sacerdotale (1).

M. Fourcy eut pour successeur M. Pruvost qui y resta jusqu'en 1906, puis M. Filbiet qui ne fit que passer; en 1907, nous arrivait M. Rouget qui ne cessa d'entourer l'hospice et ses habitants, de ses soins les plus assidus. Il mourut subitement à la fin de 1919; son successeur, M. Nast, hérita de son zèle et de son dévouement.

Il y avait, lors de la bénédiction de l'hospice, un tout petit oratoire au premier étage; on l'appelait chapelle, et de fait le bon Dieu y était; Mgr l'Évêque avait accordé la Sainte Réserve tout au début de la fondation. Mais bientôt, en 1892, sur les instances de la Directrice, Mère Saint-Philippe, M. et Mme du Haÿs confièrent à un habile architecte le soin de transformer une partie de l'aile gauche du bâtiment, en chapelle. La première Messe y fut dite le 16 décembre 1893. Extérieurement, rien ne fut changé ou à peu près; mais à l'intérieur, grâce à un système de montants en bois disposés avec art, on se croirait dans une petite église à trois nefs : une voûte en pitchpin assez élevée achève l'illusion; une tribune circulaire ajoute encore à l'importance et à la commodité. Deux mignons autels latéraux, l'un dédié à la Sainte Vierge, l'autre à sainte Berthe, encadrent le maître-autel de belle venue. Le tout est discrètement polychromé au chiffre de la sainte Patronne.

Il n'est pas indifférent de signaler le beau Chemin de Croix offert par M. de Bonnevallée, neveu de M. du Haÿs; — le tableau représentant sainte Berthe allant avec ses religieuses

(1) Paroles de saint Bernard imprimées sur l'image mortuaire de M. Fourcy.

au-devant de sa fille sainte Emme qu'on ramenait morte et dont les yeux, à la prière de sa mère, s'ouvrirent un instant. C'est en cette circonstance, au pied de la crosse de sainte Berthe, que jaillit la source où l'on continue d'aller puiser de l'eau pour la guérison des yeux; — le tableau de Notre-Seigneur en Croix et au-dessous de ce tableau, sous la tribune du fond, la plaque érigée à la mémoire de M. et Mme du Haÿs. Cette plaque, en belle pierre de Belgique, encadrée en bois d'acajou, est de la composition de M. Pierre Ansart, architecte décorateur d'Amiens.

En voici la reproduction :

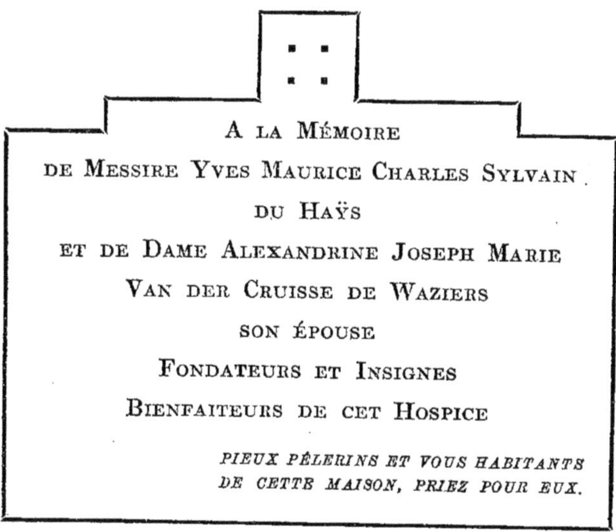

A la Mémoire
de Messire Yves Maurice Charles Sylvain
du Haÿs
et de Dame Alexandrine Joseph Marie
Van der Cruisse de Waziers
son épouse
Fondateurs et Insignes
Bienfaiteurs de cet Hospice

Pieux pèlerins et vous habitants de cette maison, priez pour eux.

Cette plaque a été posée en 1909; en l'admirant, chacun se dit : C'est bien, et bien mérité.

M. et Mme du Haÿs avaient doté la chapelle d'un ostensoir, d'un ciboire et de tous les ornements sacerdotaux, dont un vert qui n'est pas ordinaire.

M. du Haÿs était mort cette année même le 27 février. Mme du Haÿs l'avait précédé de quelques années et était décédée le 21 juin 1903. Elle n'avait pas oublié l'hospice dans ses dernières volontés.

Le château d'Erin devint la propriété de leur petit neveu, M. Alphonse du Haÿs, fils unique de M. Charles du Haÿs, châtelain du Mont Eventé, près Lapugnoy, mort avant son oncle, très chrétiennement comme il avait véeu, regretté de tous, surtout des pauvres qui le pleurèrent comme un père. C'est M. Charles qui avait donné le calice, souvenir de famille.

M. Alphonse devenait donc propriétaire de l'Hospice Sainte-Berthe. Il héritait non seulement les biens, mais aussi les principes, les vertus et en particulier la charité de son grand oncle.

La lettre qu'il adressa à M. le Supérieur de la Communauté lors de la pose de la plaque nous le peindra tout entier.

« *Mont Eventé, par Lapugnoy* (*Pas-de-Calais.*)
« 10 juillet 1909.

« Monsieur le Chanoine,

« Je tiens à vous féliciter sur le choix et la composition de la plaque commémorative que vous avez bien voulu faire ériger dans la chapelle de l'hospice de Blangy-sur-Ternoise en mémoire de mon oncle et de ma tante du Haÿs. J'ai été très touché de votre aimable intervention pour perpétuer aux générations qui se succéderont, espérons-le, dans cet asile, le souvenir de leurs pieux et charitables fondateurs. Merci donc, Monsieur le Chanoine, au nom de ceux qui du Ciel veilleront sur leur œuvre et continueront à la protéger. Merci également, au nom de toute ma famille qui voit dans ce monument une marque d'estime pour la charité et un bel exemple à suivre. La noblesse, disait je ne sais plus quel grand penseur, consiste dans l'observation et la garde scrupuleuse des traditions... »

M. Alphonse épousa le 20 mai 1911 Mlle de la Tour du Pin, pieuse et charitable comme lui.

Leur arrivée au château d'Erin fut un véritable triomphe.

Pavoisement des rues, douze arcs de triomphe, cavalcade et cyclistes, acclamations populaires, discours de bienvenue, ovations, rien ne manqua à la fête.

Leur réception officielle à l'hospice de Blangy eut lieu le 16 avril 1912. On avait attendu une occasion, et jamais occasion ne fut plus belle. M. le chanoine Bonvarlet, vicaire général d'Arras, avait offert à l'hospice une magnifique relique de sainte Berthe. On la déposa dans une superbe châsse en style gothique donnée par la Révérende Mère Générale; et on en fit la solennelle inauguration à laquelle furent invités M. et Mme Alphonse du Haÿs. A 10 heures, à l'arrivée de M. et Mme du Haÿs, M. le chanoine Cauet, M. le doyen de Filièvres, M. le curé de Blangy et ses confrères du voisinage, entourés des vieillards de l'hospice, étaient réunis pour souhaiter la bienvenue à leurs bienfaiteurs. Après une cantate brillamment enlevée, un vieillard se fit l'interprète de tous dans un discours que nous sommes heureux de pouvoir reproduire en entier.

« Monsieur et Madame du Haÿs,

« Votre arrivée à Erin coïncide avec l'installation d'une Relique de sainte Berthe dans la chapelle de notre hospice. C'est là, pour nous, un double sujet de joie.

« Vous revenez à Erin pour y continuer une vieille tradition. Le château d'Erin depuis longtemps est connu parmi nous pour ses bonnes œuvres, sa bienveillance pour les pauvres. Nul n'ignore comment M. et Mme Maurice du Haÿs, vos oncle et tante, de vénérée mémoire, les avaient pour ainsi dire personnifiées !

« Leur grande charité était connue au loin et de tous, on aime à se le redire, et le fait d'avoir rendu à sainte Berthe son domaine, et aux bonnes œuvres son antique abbaye, restera là, pour bénir leur mémoire dans cette contrée d'Erin et de Blangy-sur-Ternoise. C'est grâce à eux que nous retrouvons dans cette maison un asile pour y soigner nos infirmités, pour y passer dans le calme, la paix, la tranquillité, les dernières années de notre vieillesse.

M. et Mme Maurice du Haÿs, rappelés à Dieu en récompense de leurs bienfaits, nous pouvions craindre de nous voir quelque peu délaissés; l'heureuse décision que vous venez de prendre, votre bonté déjà bien connue pour les malheureux, les pauvres, ceux qui souffrent, nous enlèvent aujourd'hui cette crainte : et c'est la première cause de notre joie.

« A votre exemple, sous la forme de cette Relique offerte à nos bonnes Sœurs par M. le chanoine Bonvarlet, sainte Berthe aussi revient d'une manière nouvelle dans son ancienne abbaye. Cette Relique nous manquait. On la désirait depuis longtemps. M. le chanoine Bonvarlet met le comble aux vœux de tous et de grand cœur nous nous associons à la reconnaissance de nos Sœurs et de leurs Supérieurs; car, nous en avons la douce confiance, cette Relique sera le bonheur et la bénédiction de cette chère maison.

« Unis, depuis bientôt un an dans les liens sacrés du mariage, revenus à Erin dans le domaine des ancêtres, vous voilà au milieu de nous, et déjà nous aimons à saluer en vous, nos bons et généreux protecteurs d'autrefois.

« Sainte Berthe bénira votre union, elle mettra de plus le comble à tous vos vœux, car ils sont aussi les nôtres, et le bonheur viendra au château d'Erin, comme il est déjà pour nous dans l'Hospice de Blangy-s.-Ternoise.

« Sainte Berthe nous entende, et tous nous en serons heureux. »

La réponse de M. du Haÿs fut ce qu'elle devait être, cordiale et touchante; sous une forme jeune et vibrante, il répéta en excellents termes ce que son vieil oncle disait quelques années auparavant : « Vivent tous les bons vieux de l'hospice; nous vous regardons comme nos amis... » Et ce n'étaient pas de vaines paroles; s'il avait fallu une nouvelle preuve de sincérité, on aurait pu aller voir le nouveau mur de 265 mètres de long qui s'élevait le long de la pâture sur les bords de la Ternoise.

A 10 heures et demie, la Messe fut chantée pour les fondateurs par M. le chanoine Cauet; le sermon de circonstance fut donné par M. le doyen de Filièvres. A l'issue des agapes de midi, M. le Supérieur porta la santé à M. et Mme du Haÿs. M. du Haÿs trouva dans son cœur débordant tout ce qu'il fallait dire. Sainte Berthe ne fut pas oubliée, et à 4 heures, la chapelle se remplissait à nouveau pour les Vêpres et le salut en l'honneur de la glorieuse Patronne.

Ce fut un beau jour que celui du 16 avril 1912.

Depuis, l'hospice continue sans bruit sa bienfaisante besogne.

Signalons, à la date du 15 mai 1914, la mort subite d'un pensionnaire connu de presque tous les pèlerins de Sainte-Berthe, je veux dire Louis Gélin. A 59 ans, il avait la taille d'un enfant de 4 ou 5 ans, ce qui ne l'empêchait pas de porter moustache et de se promener la canne à la main comme un homme.

La guerre de 1914 est venue troubler cette agréable solitude.

Dès la mobilisation, une scène touchante se déroulait à l'hospice : un habitant de Blangy, veuf depuis quelques mois, était appelé sous les drapeaux : il avait deux enfants de six et sept ans... qu'en faire? Il les amène à l'hospice et les remet à la Supérieure en lui disant : « Je veux que mes enfants soient élevés chrétiennement, vous serez leur mère ». Et il s'en va « ou plutôt non », il tient sur son cœur ses deux enfants dont il ne peut se séparer, et il faut les lui arracher. Cette fois, il s'en va; le lendemain, il se rend à son poste; on ne l'a plus revu. Ces deux enfants ont grandi, et ils vont bien. « Notre père, disait dernièrement sa grande fille, nous voit du haut du Ciel, et il doit être content de nous. »

La proximité du front, le va-et-vient des troupes; — en moyenne, on pouvait compter trois cents soldats à l'hospice et dans ses dépendances; — les nombreux blessés qu'on amenait pour y recevoir les premiers soins; les mauvaises nouvelles qu'on colportait trop souvent; le bruit du canon, qui à certains moments ne cessait ni le jour ni la nuit, et surtout la crainte et les menaces d'évacuation, il n'en fallait pas tant pour jeter l'émoi parmi les religieuses et les pensionnaires.

En 1915, une quantité de malheureux réfugiés de Maubeuge, vieillards, enfants, malades, viennent frapper à la porte de l'hospice; d'eux-mêmes les pensionnaires leur offrent leurs matelas et leurs couvertures.

Le 21 juin 1917, c'était la vieille mère de la Supérieure, Mme Vervelle, âgée de 83 ans, évacuée de Nancy sur Asnières d'abord, puis Paris, puis sur Blangy, où elle venait demander asile à sa deuxième fille; elle avait sollicité du bon Dieu la grâce de mourir près de sa fille religieuse; elle fut exaucée, elle mourut le 16 décembre des émotions du bombardement et aussi de chagrin : elle avait perdu trois petits-fils à la guerre.

Dans la nuit du 20 au 21 juin, une religieuse, une des colonnes de l'hospice, était enlevée par une embolie; elle n'avait que 51 ans. Le télégramme du 29 rendait compte de ses obsèques en ces termes : Le 25 juin ont eu lieu les obsèque d'une des religieuses de l'hospice Sainte-Berthe, Sœur Marie de Saint-Tarcisius. — Depuis quelque vingt ans, elle se dépensait aux soins des vieillards, des malades et des pauvres infirmes.

La population de Blangy-sur-Ternoise et la Communauté ont fait à la défunte des funérailles dignes de toute sa vie de dévouement. Nombreuse fut l'assistance qui vint lui donner, avec ses prières, une marque d'affection et de sympathie. Elle fut portée à l'église par les jeunes filles de la paroisse vêtues de blanc. Nos chers soldats catholiques de l'armée britannique avaient réclamé l'honneur de la porter au cimetière. Ils le firent pieusement, et leur attitude fut un grand sujet d'édification pour toute la paroisse.

M. le Dr Lemaître, maire de la commune, dit à la religieuse en paroles émues toute la reconnaissance des habitants de Blangy pour les longs et nombreux services qu'elle avait rendus, sans jamais compter avec ses forces.

Le 25 juin 1918, il y eut une évacuation partielle. Nombre d'échappés de Cambrai, d'Arras, de Béthune, avaient été recueillis à Blangy : l'administration préfectorale jugea bon de les envoyer plus loin, en attendant les événements.

Le 15 mai, Blangy avait eu l'honneur de recevoir S. G. Mgr Julien, le nouvel évêque d'Arras. Il est permis de se demander de quel côté l'impression a été plus vive, du côté des vieux, étonnés et ravis de cette grande visite inattendue, ou du côté de Monseigneur qui ne s'était jamais vu entouré de tant de misères et qui se demandait comment les Sœurs si peu nombreuses pouvaient suffire à la besogne. On n'a pas oublié le passage du sympathique évêque à cette heure tragique de la guerre.

Une autre Providence était venue réconforter le personnel de l'hospice au mois d'avril. Mme du Haÿs devant quitter Erin avait voulu rendre visite à sa chère maison de Sainte-Berthe avec ses deux enfants, et en leur présence, comme pour leur inculquer davantage encore le culte de la charité, elle avait remis une belle offrande à la Supérieure pour l'aider à soulager la misère et elle avait ajouté : « Je ne vous quitte pas tout entière, dit-elle ; ne vous inquiétez pas, comptez sur nous ; nous vous aiderons en quelque endroit que vous soyez obligée de vous rendre. C'est un devoir pour nous de veiller sur vous; nos ressources pourront diminuer, mais toujours nous les partagerons avec vous. »

Tant de dévouement ne pouvait manquer d'être récompensé. Le château d'Erin fut préservé, et ses propriétaires purent le réintégrer après l'armistice. Le 19 octobre 1921, le P. Supérieur offrait le Saint-Sacrifice de la Messe à la chapelle en action de grâces du retour de M. Alphonse du Haÿs. M. du Haÿs avait été mobilisé lui aussi; on avait prié beaucoup pour lui à l'hospice, et il était revenu sain et sauf. M. et Mme du Haÿs étaient là dans leur maison de Sainte-Berthe, chez eux, au milieu de leurs amis, les vieux et les vieilles. — Après la messe, il y eut réception solennelle, discours, réponse de M. du Haÿs pleine de sentiments des plus élevés, comme toujours, et de promesses des plus rassurantes pour l'hospice. Chez M. du Haÿs, les promesses sont des réalités, nous le savons par expérience.

Ce jour-là, le P. Supérieur bénit une statue de Jeanne d'Arc. Cette statue ton ivoire, représentant Jeanne debout appuyée sur son épée, est du plus bel effet, appuyée sur une des colonnes en chêne à l'entrée du sanctuaire. Elle en demandait une autre du même genre pour faire son pendant, et saint Michel était tout désigné; il fut béni le 24 novembre 1922.

Nous voudrions terminer ici ce petit historique. Un deuil douloureux entre tous nous oblige à l'allonger plus que nous ne l'aurions désiré.

Le 13 avril 1923, ma Sœur Saint-Jean de la Croix, après une courte maladie, rendait sa belle âme à Dieu. La bonté proverbiale de cette Sœur était connue de tout Blangy; la nouvelle de sa mort fut un événement, et ses obsèques un triomphe.

Elle fut un modèle de Sœur hospitalière, et elle mérite une petite notice : aussi bien peut-il y avoir profit à la faire mieux connaître encore. Rien ne saurait nous la dépeindre avec plus d'éloquence que les trois discours qui furent prononcés le jour de ses funérailles, l'un à l'église par M. le curé — et au cimetière, le premier par M. Sallé, maire de la commune, et le deuxième par M. le Dr Lemaître.

Discours de M. le Curé.

« Mes Frères,

« Je recommande à vos charitables prières et à votre pieux souvenir, Marie Clayes, en religion Sœur Saint-Jean de la Croix, pieusement décédée à l'hospice Sainte-Berthe, de Blangy, administrée des Sacrements, à l'âge de 50 ans et demi.

« Le ministère que je remplis aujourd'hui m'est particulièrement pénible, et en face de ce cercueil je ne puis me défendre d'une douloureuse émotion, que vous partagez tous, je le sais. En la personne de Sœur Saint-Jean, sa famille si catholique, de Roubaix, perd un de ses membres dont elle avait le droit d'être fière — la Supérieure, sa confidente et son bras droit — ses consœurs, un aimable modèle — les vieillards de l'hospice, une mère dont ils surent apprécier, pendant vingt-sept ans, la bonté charitable et condescendante.

« C'est à cette sainte religieuse que je viens avec vous rendre les derniers devoirs et dire un suprême adieu. — Loin de moi la pensée de faire en cette triste circonstance, un panégyrique, une oraison funèbre; la regrettée défunte désire non pas qu'on la loue, mais qu'on prie pour elle. Aussi je viens vous dire sur sa dépouille mortelle, les belles et consolantes prières qui expriment les vœux des cœurs en deuil, les prières de l'Église.

« Ce que nous demandons pour Sœur Saint-Jean, c'est le repos dans une paix qui ne sera jamais troublée *requiem æternam* — c'est la joie, le bonheur sans mélange et sans fin.

« Sœur Saint-Jean, que Dieu vous accorde ce repos éternel; le repos vient après le travail dont il est la juste récompense, et vous avez travaillé avec zèle, avec dévouement durant le cours de vos vingt-neuf ans de vie religieuse.

« Chaque condition a son genre de travail : vous, mes Frères, vous cultivez et ensemencez vos sillons; vous vous livrez à de rudes labours qui fatiguent vos bras et font ruisseler la sueur sur vos fronts. — La religieuse, elle aussi, est obligée de travailler. Son travail est la prière; c'est le service des malades et des infirmes. Sœur Saint-Jean a commencé ce travail il y a vingt-neuf ans, elle l'a continué ici, à l'hospice, pendant vingt-sept ans, et vous savez tous quelle exactitude elle apportait dans l'accomplissement de ses devoirs de religieuse des pauvres. — Si elle eut au cœur en ces derniers mois, un regret poignant, c'était d'être empêchée par la maladie, de vaquer à ses chères occupations. — Elle voyait que ses consœurs étaient surmenées par les soins nécessités par 80 vieillards et infirmes; voir cela et songer qu'on ne peut plus les aider; sentir au dedans de soi un dévouement qui voudrait se dépenser, et être obligé de rester confiné dans sa chambre, il y a là une souffrance morale des plus grandes, et cette souffrance, la délicate religieuse l'a endurée pendant quelques mois qui lui ont paru des années. Elle a donc travaillé, Sœur Saint-Jean, elle a achevé l'ouvrage que Dieu lui avait donné à faire, et maintenant elle repose en paix.

« Il nous reste encore un vœu à exprimer, c'est un souhait de bonheur. On n'est pas heureux en cette vie terrestre, les maladies, les épreuves de toute sorte s'attachent à nos pas, et il nous est impossible d'y échapper. Sœur Saint-Jean a eu sa part des peines, son lot d'épreuves. Et puis, voici la souffrance, voici la maladie qui viennent encore troubler le peu de bonheur qu'on rencontre sur terre. Notre chère défunte les a connues, mais ce qu'ont admiré tous ceux qui ont pu l'approcher, c'est sa patience, sa sérénité, sa bonne humeur, c'est son sourire toujours aimable et résigné en face de la mort et le soin pieux avec lequel elle s'y est préparée.

« Elle nous a montré à tous comment sans tarder il faut se réconcilier à Dieu et recevoir les derniers sacrements. Sa conscience purifiée par l'absolution était en paix; elle s'endormit doucement dans le Seigneur.

« Elle a été à la peine; elle a souffert; qu'il plaise à Dieu de la dédommager, de l'admettre au royaume de la félicité.

« Mes Frères, les leçons de la mort sont ce qu'il y a de plus efficace pour nous ramener à Dieu; que la terre est vile, quand on la regarde du Ciel! qu'elle nous paraît plus vile encore quand on y songe près d'un cercueil! Pendant que nous avons le temps, faisons donc le bien!

« Il ne me reste qu'un mot à dire, le mot que se disent les amis quand ils vont se quitter, le mot de la séparation. Adieu, Sœur Saint-Jean, vous avez désiré dormir votre dernier sommeil dans le cimetière de la paroisse où vous avez exercé si bien et si longtemps vos fonctions si charitables de servante des pauvres et des déshérités de ce monde : Dieu a exaucé votre désir.

« Nous aimerons, nous qui restons, à prier sur votre tombe, à vous demander de protéger de là-haut l'hospice Sainte-Berthe que vous aimiez tant, en attendant que nous allions vous rejoindre, car lorsque nous disons adieu, nous chrétiens, c'est avec l'espérance consolatrice de nous retrouver dans un monde meilleur, au Ciel!

« *Amen.* »

Discours de M. le Maire.

« Mesdames, Messieurs,

« Il est difficile à un esprit profane d'exalter l'esprit chrétien dans son essence la plus pure, dans ses manifestations les plus éloquentes. De son inspiration naissent ces vertus supérieures qui placent l'homme au-dessus de sa propre nature en lui donnant le culte du sacrifice.

« Sœur Saint-Jean avait compris toute la grandeur, toute la noblesse de sa mission, quand, renonçant à un monde où tout semblait lui sourire, elle se fit la servante des pauvres.

« Elle avait entendu la voix du Seigneur, elle répondit à son appel.

« Se souvenant des traits de la Sœur de charité, tels que le Maître les a tracés lorsqu'il disait :

« Elles n'auront pour monastère que la maison des malades, « pour chapelle que l'église de la paroisse, pour cloître que « les salles des hôpitaux, pour clôture que l'obéissance, pour « grille que la crainte de Dieu et pour voile que la modestie. »

« Telles sont les règles, aussi rigides dans les principes que généreuses dans l'application, qui guidèrent Sœur Saint-Jean dans toute sa vie religieuse.

« Pour nous, elle fut l'idéal vivant que décrivait si magnifiquement le Grand Maître. Elle a honoré son Ordre par son dévouement à la cause de l'humanité et elle a acquis des droits à la reconnaissance et à l'admiration de tous.

« Pendant les vingt-neuf ans de sa vie religieuse, celle qui nous quitte poussa le dévouement jusqu'à l'abnégation, l'amour du prochain, jusqu'à l'oubli de soi-même.

« Elle s'était donnée aux malheureux, aux affligés, aux déshérités d'ici-bas.

« Elle leur offrit toute sa sollicitude vigilante; son bon cœur l'appelait vers la souffrance, et naturellement la misère se tournait vers cette figure épanouie, si grand était l'attrait de son indulgente bonté !

« Sœur Saint-Jean appartenait à l'hospice de Blangy depuis plus de vingt-sept ans; elle arriva dans notre commune peu après la fondation de cet établissement que nous sommes fiers de posséder.

« Elle collabora avec Madame la Supérieure, et toutes deux travaillèrent pour le plus grand succès de cet hospice qui est maintenant dans la plus grande prospérité.

« Toute sa vie, notre religieuse fut à la tâche, mais le jour vint où, terrassée par le mal qui devait l'emporter, encore à la fleur de l'âge, l'âme tranquille, elle s'endormit du sommeil du juste, laissant un grand vide parmi nous.

« La commune de Blangy ne peut laisser refermer cette tombe sans témoigner publiquement de sa reconnaissance à une aussi grande bienfaitrice.

« Pouvons-nous oublier qu'après avoir donné pendant vingt-sept ans ses soins maternels aux malades et aux vieillards dans cet hospice, elle fut chez nous plus d'un quart de siècle le soulagement des vieux et des incurables.

« Sœur Saint-Jean, nous nous inclinons bien bas devant votre noble carrière; votre souvenir restera gravé dans nos cœurs remplis de gratitude. Vous restez près de nous, vos mânes nous sont chères; votre vie est un exemple, mais trop beau pour que nous puissions prétendre vous imiter. Nous chercherons toutefois dans votre enseignement des motifs pour devenir meilleurs.

« A votre famille endeuillée, à vos compagnes attristées, j'adresse au nom de la population, l'expression émue de notre profond respect et de nos sincères condoléances, et à vous, Sœur Saint-Jean, je vous dis adieu ! »

Discours de M. le Dr Lemaitre.

« Mesdames, Messieurs,

« Au nom de tous les déshérités de la terre, accablés par la maladie ou l'infortune, au nom de tous les pauvres vieux, tristes épaves d'une vie souvent trop longue pour les maux qui s'acharnent à ne pouvoir finir; au nom de tous les malheureux sans foyer, des infirmes que leurs proches eux-mêmes renoncent souvent à entourer de leurs soins, tant il est vrai que ces soins sont pénibles, êtres abandonnés parfois, par ceux-là mêmes qui, les premiers, devraient les secourir; au nom, en un mot, de tout ce qui est souffrance, et en mon nom personnel, je viens ici m'incliner respectueusement devant la tombe de Sœur Saint-Jean, enlevée si prématurément à l'affection de tous les siens, et de Mesdames les Religieuses, ses Sœurs de l'hospice Sainte-Berthe.

« Qu'il me soit permis de rappeler rapidement, ici, tout ce qu'il m'a été donné de connaître sur la belle vie de Sœur

Saint-Jean, et telle que je l'ai entrevue en plusieurs circonstances.

« Vingt-neuf années passées dans un hospice de vieillards, à des travaux que seuls ceux qui vivent en leur contact, peuvent apprécier et connaître, quel sublime esprit d'abnégation ils réclament !

Dévouement sans bornes, esprit de sacrifice poussé à l'extrême, d'une énergie et d'un courage jamais abattus, jusque dans la maladie, et même dans les heures dernières de la mort, Sœur Saint-Jean joignait à toutes ses qualités qui sont en quelque sorte l'apanage de toutes les religieuses, un caractère particulièrement heureux; d'humeur gaie, joviale, toujours égale, qu'elle savait faire partager à tout son entourage, au milieu des pires tableaux de la vie quotidienne des hôpitaux.

« Que de peines furent consolées par son sourire ou quelque bonne parole amie, jetée en passant, et combien en toute circonstance elle sut adoucir de souffrances physiques et morales !

« Quand la guerre fut déchaînée, quand en octobre 1914, nos régiments, écrasés par les masses ennemies, résistaient terriblement tout autour d'Arras dans des combats des plus meurtriers, des blessés, de plus en plus nombreux, sont venus ici pendant près de six mois, faire panser leurs pauvres corps sanglants. Sœur Saint-Jean était là, au premier rang; ses bras avec son cœur de femme française, se sont ouverts pour accueillir les pauvres martyrs mutilés ou criblés de mitraille, les visages tristes et hagards, creusés par l'angoisse et l'épouvante, que les hôpitaux militaires n'avaient pu recevoir.

« Elle fut notre plus précieuse collaboratrice dans ces temps inoubliables. Toujours debout, vaillante, inlassable, à tous elle sut prodiguer les soins maternels les plus affectueux, et par sa douce et persévérante attention, contribuer au relèvement de bien des énergies, parfois défaillantes.

« Et lorsque la guérison achevée ou tout danger écarté, évacués vers l'intérieur, lils quittèrent définitivement l'hospice où tant de sollicitude leur avait été prodiguée, combien d'entre eux durent emporter dans le cœur le souvenir de l'ange de douceur et de bonté qui avait versé tant de baume sur leurs misères.

« Ils étaient de partout, ces héros, de la Bretagne, de l'Auvergne, d'Algérie, des soldats du Midi, du Dauphiné, de tous les coins de la France, parfois même des tranchées où quelques-uns retournaient, des lettres touchantes sont venues longtemps nombreuses, clamer leur reconnaissance.

« Puis ce fut la liste longue et également triste de la foule des exilés, réfugiés, chassés de leurs foyers, familles entières traquées, sans asile, recueillis par centaines à l'hospice Sainte-Berthe, et auprès de qui Sœur Saint-Jean, toujours sur la brèche, put continuer son rôle bienfaisant. — Sans trêve, elle est partout, grâce à la robuste constitution dont elle jouissait alors. Là encore, nous avons pu la voir à l'œuvre; là encore, nous avons pu apprécier une fois de plus tout ce que son cœur contenait de trésors de bonté et de grandeur d'âme dans l'accomplissement du devoir; devoir rempli sans ostentation, simplement, naturellement, avec l'admirable candeur qui en fait autant le mérite que les plus belles actions en elles-mêmes.

« Telle fut, en quelques mots, la digne et regrettée Sœur qui va reposer ici dans ce cimetière, auprès de ses vieux à qui elle a consacré les plus belles années de sa jeunesse, sa vie tout entière, auprès de Sœur Saint-Tarcisius de regrettée mémoire, morte elle aussi au champ d'honneur.

« A tous les membres de sa famille, aux êtres chers vers qui s'orientait souvent sa pensée, à Madame la Supérieure de la Communauté de Notre-Dame des Sept-Douleurs, à Madame la Directrice de l'hospice Sainte-Berthe, aux Religieuses, ses Sœurs, j'adresse ici l'hommage de ma profonde sympathie.

« Ma chère Sœur Saint-Jean, de votre corps mortel, votre belle âme d'élite s'est envolée. Elle erre en ce moment sans doute ici, autour de nous. Je la sens qui proteste en son humilité des éloges, pourtant bien courts et bien mérités que j'adresse à votre mémoire. Mais qu'elle me pardonne d'avoir été ainsi à l'encontre de vos sentiments intimes et de votre désir.

« Votre vie était un grand exemple, j'ai cru de mon devoir, pour le bien encore et toujours, de venir ici le redire.

« Et maintenant qu'elle se rassure et repose calme et sereine dans le monde meilleur que vous avez rêvé.

« Sœur Saint-Jean, adieu ou plutôt au revoir ! »

Vers la fin d'avril 1923, on exhuma les corps de ma Sœur Saint-Tarcisius, de Mme Vervelle et des parents de ma Sœur Saint-Jean. Ces trois cercueils furent transférés au cimetière nouveau. C'était deux fois triste de savoir Sœur Saint-Jean seule; elle a maintenant près d'elle tous ceux qui lui furent chers.

Disons en terminant, qu'au moment où il fut question du nouveau cimetière, le conseil municipal, à l'unanimité, vota six concessions à perpétuité pour les Sœurs de l'hospice. — Ce vote est à sa façon, lui aussi, un éloquent discours !

VII. — Bobigny, canton de Pantin (Seine).

Maison Hospitalière de Sainte-Marthe.

Nous sommes en 1887, M. l'abbé Boirie, curé de Bobigny, ayant perdu les Sœurs de Charité qui l'aidaient dans ses œuvres, était inconsolable. Et sa désolation se comprendra si on dit que, lorsqu'il voulait faire la procession, il en était réduit à porter lui-même la statue de la Sainte Vierge. Ayant entendu parler par M. l'abbé Bernard, Missionnaire lazariste, domicilié alors rue de Sèvres, à Paris, d'une communauté de Religieuses de Notre-Dame des Sept-Douleurs, qui commençait à se répandre, il s'aboucha avec la fondatrice. Mais les négociations furent longues et difficiles; il fallait un terrain, il fallait un local.

Sur les instantes prières de M. le curé, un chrétien généreux, M. Gaston de Lavau, héritier de Mlle de Blancmesnil, propriétaire du château de Moncé, commune de Saint-Firmin-des-Près (Loir-et-Cher), donna un bon morceau de terrain, celui sur lequel est bâtie la maison principale d'aujourd'hui, avec la cour des acacias, et une partie du jardin de derrière, 2.000 mètres carrés. C'était un vrai lac sur lequel les Parisiens venaient patiner et qui fut comblé par les habitants de Bobigny, qui y déversaient leurs décombres.

M. le curé se fit quêteur et même terrassier; avec ce qu'il recueillit et 500 francs offerts par l'archevêché de Paris, il parvint à élever un mur de clôture.

Plus tard, le 6 mars 1895, M. de Lavau consentit à vendre à la Communauté la portion qui complète le jardin de derrière, 1.400 mètres carrés environ. à raison de 4 francs le mètre carré : c'est la partie sur laquelle se trouve la tonnelle qui abrite le groupe de Notre-Dame des Sept-Douleurs. Enfin, le 6 août 1896, la Communauté acheta, à raison de 12 francs le mètre carré, à M. Rabourdin-Bénard qui les avait achetés lui-même à M. de Lavau, les 1.400 autres mètres carrés qui forment le jardin de la rue de la Cité, près de l'Hôtel-de-Ville.

Mais à la fin de l'année 1889, il n'y avait toujours pas de maison. M. le curé s'y prit si bien, qu'il obtint d'en faire bâtir une aux frais de la Communauté. M. Masson, choisi comme architecte, devait, en même temps, élever une école et une annexe destinée à recevoir quelques dames âgées comme pensionnaires.

On commença même par l'annexe. Mère Marie de la Croix fut nommée directrice le 22 octobre 1890, ayant sous ses ordres ma sœur Marie Saint-Louis de Gonzague, chargée des enfants du catéchisme et d'une petite réunion d'Enfants de Marie, qui eut pour présidente Marie Simonin, jeune fille exemplaire. Entre temps, Sœur Saint-Louis de Gonzague sefaisait quêteuse pour la future école libre et le patronage.

Mère Marie de la Croix fut remplacée le 10 mai 1899 par Mère du Saint-Sacrement, la directrice actuelle.

Sur ces entrefaites, en 1891, M. l'abbé Boirie, fatigué, fut nommé vicaire de Saint-Nicolas, à Paris. Il fut remplacé par M. l'abbé Ferret, qui prit l'œuvre à cœur avec le même zèle que son prédécesseur.

Mlle Waquet fut nommée titulaire de l'école en 1892, avec Mlle Dorr comme adjointe. Elle compta bientôt une quarantaine d'élèves. L'école, dirigée successivement par Mlle Waquet et Mlle Staude, fut maintenue jusqu'à la fermeture des écoles congréganistes en 1904. L'école maternelle qui avait été annexée à l'école primaire en décembre 1895, sous la garde de ma Sœur Sainte-Radegonde, a été également fermée en 1904.

Tous les locaux ont été dès lors affectés, partie aux Dames pensionnaires, partie au patronage de jeunes filles. — L'établissement porte le nom de Maison de retraite de Sainte-Marthe.

En 1896, les religieuses obtinrent de l'archevêché la grande faveur de la Sainte Réserve et convertirent un appartement du 2e étage en oratoire, où M. le curé venait dire la Messe une fois par semaine. En 1908, cet oratoire fut remplacé par la chapelle actuelle, bâtie sous la direction de M. Leclercq, architecte à Paris. La sainte Messe y fut dite la première fois le 2 février 1908, par M. le chanoine Cauët; il avait pour servants les deux neveux de la Directrice, Louis et Eugène Mizgier.

Le 28 avril 1908, M. Douillet, architecte d'Amiens, vint, sur la prière de notre Mère, pour relever le terrain sur lequel il était question de bâtir des locaux pour pensionnaires. Et en effet, la même année, furent commencés à l'extrémité et sur la limite, au nord du jardin, sous la direction de M. Camille, entrepreneur à Noisy-le-Sec, des travaux relativement importants. On construisit plusieurs chambres très confortables, exposées au soleil levant et desservies par un large corridor. En même temps, on agrandit la sacristie et, à la suite, sur la rue du Parc, on fit deux chambres qui forment les appartements du R. Père Supérieur.

En 1910, on continua les travaux de 1908, et on construisit sur le même plan plusieurs chambres, dont une plus grande qui devait être la salle du patronage, au moins provisoirement. Le R. Père Supérieur bénit cette salle et une statue de la Bienheureuse Jeanne-d'Arc, le 23 octobre 1910. Ce fut cette même année qu'on aménagea la basse-cour, avec toutes ses dépendances, hangars, remises...

En 1912, on fit la chapelle *dite des morts*. Cette chapelle isolée des autres bâtiments, a son petit cachet de sérieux qui convient à sa destination, outre qu'on a eu soin d'y ménager tout ce qui peut favoriser l'hygiène et porter au respect des morts.

Tous ces agrandissements successifs, et ils ne suffisent pas encore, marquent la prospérité de cette maison de retraite qui compte aujourd'hui environ 75 pensionnaires, dames pour la plupart. Le nombre en a plus que doublé depuis quelques années. La maison Sainte-Marthe est d'ailleurs fort avantageusement connue aux environs, et surtout à Paris d'où viennent la plupart des pensionnaires.

Cependant les jeunes filles continuent de se rendre à la maison chaque dimanche pour les grandes et tous les jeudis pour celles qui fréquentent encore l'école et qui viennent apprendre la couture et le ménage. Pendant plusieurs années même, M. le curé de la paroisse, aidé par des Dames catéchistes volontaires et par les Sœurs, fit le catéchisme aux enfants dans la salle du Patronage.

Les jeunes filles plus âgées forment une association d'Enfants de Marie; les moyennes et plus petites, une association d'Enfants des Saints-Anges, les unes définitivement reçues et les autres aspirantes.

Au mois de janvier 1913, les groupes donnaient un total de 95 jeunes filles; à la collation donnée à l'occasion de la Sainte-Catherine, le 25 novembre 1915, en pleine guerre, un jeudi, on en comptait encore près de 80.

Ces jeunes filles s'exercent à la piété, apprennent l'histoire sainte et le catéchisme; entre temps, elles préparent des séances récréatives dont les plus brillantes furent celles des 2 février, 23 octobre et 1er décembre 1910; 17 août et 19 novembre 1911; 19 mai et 28 novembre 1912; 11 août et 23 novembre 1913, présidées par M. le chanoine Cauët, supérieur de la Communauté. Les nombreuses personnes qui ont assisté à ces fêtes données en l'honneur de la Sainte-Catherine et de la Bienheureuse Jeanne d'Arc, se souviennent des principales artistes :

Félicie Picard, Lucienne Roucoux, Albertine, Marcelle et Eugénie Gobert, Adolphine Redouté, Marie Fontaine, Marie Boucher, Marthe Berthier, Julie Waflard, Suzanne Huart, Marcelle Lavallard, Antoinette et Marie Chavinier, Berthe Pinot, Marguerite Eischen, Joséphine Schlesser, Marguerite Porini, Madeleine Lafosse, Blanche Blanchet, Louise Rigaux, Germaine Richard, Eugénie et Victorine Alter.

Deux fois, une délégation de jeunes filles prises parmi les plus méritantes, eut le grand bonheur d'aller en excursion à Bacouël, résidence du Noviciat de la Communauté. Aucune n'a oublié ni les dates du 12 août 1912 et 11 août 1913, ni les délicieux souvenirs qu'elles évoquent.

Le 31 juillet 1914, le glas de la mobilisation a retenti et quelques jours après l'Allemagne nous déclarait la guerre.

A partir du 15 août, les Dames pensionnaires qui déjà

depuis 1908, avaient organisé la garde d'honneur auprès du Saint-Sacrement, se firent un pieux devoir de venir nombreuses à la chapelle, à 10 heures et à 4 heures, réciter pour les soldats le Rosaire et les autres prières recommandées par S. Ém. le cardinal de Paris.

Et la maison de Sainte-Marthe ouvrit ses portes à deux battants aux soldats français de toute arme qui se présentèrent et depuis le 12 août 1914, elle n'a jamais été vide. Les prêtres-soldats sont heureux d'y trouver une chapelle pour y faire leurs dévotions et une armoire à leur disposition pour se ravitailler de ce qui est nécessaire pour la messe : linge, cire, pain, vin, — ce jour-là et les jours suivants, — à Bobigny ou ailleurs.

Les religieuses ne sauraient oublier qu'elles sont Sœurs de Sainte-Marthe et qu'en cette qualité, elles devaient aux prêtres tout le respect et toute la sollicitude de Marthe envers Jésus. Ces prêtres-soldats se sont montrés très édifiants en toute occasion et fort patriotes : 7 d'entre eux sont partis en Serbie.

Au mois d'août 1914, arriva le 11e brancardiers avec ses malades; le 6 septembre l'état-major du 3e cuirassiers commandé par le colonel du Gouzy; le 7, plus de 100 soldats prenaient leur petit déjeuner avant de partir; — du 10 au 17, l'état-major du 4e spahis — du 20 septembre au 15 novembre, 17 prêtres furent hospitalisés : deux d'entre eux y restèrent jusqu'en juillet 1915.

M. l'abbé Lavigne, prêtre du diocèse de Bayeux, arrivé le 12 novembre 1914, fit les fonctions d'aumônier de la maison, à partir du 2 décembre, jour du départ de M. l'abbé Drach, vicaire de Bobigny, mobilisé comme brancardier divisionnaire. M. Drach, blessé le 29 septembre 1915, à la bataille de Champigny, mourut le lendemain à l'ambulance du front. — Plus de 30 prêtres séjournèrent, qui plus, qui moins, à la maison Sainte-Marthe, depuis le commencement de la guerre — plusieurs de la Vendée et de la Bretagne.

Pendant le mois d'octobre 1914, deux officiers aviateurs et leurs ordonnances, y furent hospitalisés.

Plus tard, le 5e génie confia ses soldats malades ou indisposés aux bons soins des Sœurs. Chaque jour, ils venaient à la visite du major, par groupes de 12, 15 ou 20. Ceux qui étaient plus gravement atteints couchaient dans la salle du Patronage laissée à leur disposition : aucun ne quittait sans avoir été pansé, restauré et muni de quelques petites douceurs. La cuisinière de la maison était heureuse de suppléer aux petits défauts de la cuisine de campagne.

Choses nécessaires et utiles, sans parler des gâteries, ont été données à quantité de simples soldats qui ont passé ici plus ou moins longtemps, surtout du mois d'août au mois de novembre 1914.

Les Dames pensionnaires et les jeunes filles du Patronage ont aidé pieusement les religieuses, toutes également heureuses de faire bon accueil aux braves défenseurs de la Patrie, et de leur procurer, avec une bonne parole, tout ce dont elles pouvaient disposer pour leur santé et leur bien-être.

Quelques citations, prises dans trois ou quatre lettres, disent toute leur reconnaissance et le souvenir qu'ils ont gardé des Sœurs Hospitalières de Bobigny.

« *Villedemmange,* 30 *juin* 1915.

« Ma bonne Mère,

« La Providence a permis la réunion de nombreux « enfants de Bobigny » pour que le souvenir de toutes vos bontés bien souvent rappelé, vienne nous réconforter dans notre situation actuelle.

Jugez de notre joie quand, dès le 1er juin, MM. Jonckheere et Hoffmann nous ont apporté vos souvenirs si fidèles et si bons. La fraternité s'est établie tout de suite au seul nom de Bobigny et au récit des bontés dont nous avons été l'objet de votre part. Votre dévouement d'une si exquise charité, l'accueil si ouvert de toutes vos Sœurs, votre petite et intime chapelle, la bonté souriante des Dames pensionnaires, ne peuvent s'effacer de notre mémoire, et, hier soir encore, nous chantions avec vous toutes « Sur notre beau pays de France ». Nous nous promettons de nous retrouver un jour à Bobigny, si le bon Dieu le veut, pour vous dire notre indéfectible gratitude.

« Chauffeteau. »

« *Toulon, à bord de* « *l'*Ascension »,
27 octobre 1915.

« Ma bonne Mère,

« Sur le point de quitter la France pour la Serbie, je viens me recommander à vos prières et vous assurer que sur tout rivage, j'emporte les plus dévoués sentiments d'affectueuse gratitude pour le bon Bobigny. Nous partons ensemble, tout le groupe des « Bobiniens » que vous connaissez bien.

Que l'Étoile de la mer nous guide et nous ramène chez vous avec paix et victoire !

« Chauffeteau. »

« *Salonique, 5 novembre* 1915.

« Ma bonne Mère. — Nous voici à Salonique depuis avant-hier après une splendide traversée. — (Ici, quelques détails sur le voyage et l'arrivée — puis) : O chers souvenirs de Bobigny !... Veuillez croire, ma bonne Mère, à mon respectueux et affectueux souvenir de chaque jour pour vous et pour toute votre chère Communauté, et à ma profonde reconnaissance, que je ne manque pas de mettre tous les jours aux pieds du Divin Maître.

« Hoffmann. »

« *Montagnes de Serbie, près Cavador,*
26 novembre 1915.

« Ma Révérende Mère,

« Depuis mon arrivée en territoire étranger, c'est-à-dire depuis le 3 novembre, je n'avais encore reçu aucun courrier de France. Vous êtes venue ici en compagnie de vingt autres correspondants. Quel bon moment j'ai passé sous ma tente, hier soir, avant de m'étendre sur la terre humide et froide !

« Dieu, que nous sommes loin de Bobigny ! Nous en parlons souvent, mais, hélas ! nous ne trouverons jamais rien qui lui ressemble !...

« L. VINET. »

L'armistice du 11 novembre 1918 est venu rendre à la maison de Sainte-Marthe son aspect accoutumé.

M. l'abbé Drach, victime de la guerre, fut remplacé comme aumônier, par M. l'abbé Esloux, dont les recherches et les découvertes scientifiques ne sauraient refroidir le zèle.

Le 29 décembre 1921, M. l'abbé Ferret, vaillant jusqu'ici sous le poids des années, célébrait ses noces d'or, présidées par Mgr Lapalme, vicaire général de Paris. La veille, les religieuses, les pensionnaires et les jeunes filles du Patronage lui offrirent leurs félicitations et leurs hommages reconnaissants dans une fête familiale, à laquelle M. le chanoine Cauet s'était fait un devoir d'assister, pour redire une fois de plus à M. le curé toute sa reconnaissance et celle de la Communauté.

Le 17 décembre 1922, la maison de Bobigny perdait une petite Sœur de 23 ans bien dénommée, Sœur de l'Enfant-Jésus. Elle avait en effet la figure et la douceur d'un enfant. Minée par une maladie de poitrine, elle fut pour tous et pour toutes un objet d'édification; en mourant, elle priait pour le Noviciat.

Le 4 février 1923, eut lieu l'installation de M. l'abbé Cauet à la cure de Bobigny. L'administration diocésaine jugea utile de donner un successeur à M. Ferret, même de son vivant. Une paroisse, qui compte plus de dix mille habitants, demande un curé jeune et actif, et comme le dit fort bien Mgr Crépin dans son discours d'installation, les années n'ont pas vieilli le cœur de M. Ferret, mais elles ont chargé ses épaules; il restera d'ailleurs dans la paroisse. M. Canet était depuis neuf ans chapelain à la basilique du Sacré-Cœur, à Montmartre. Le Supérieur des chapelains, Mgr Crépin, prélat de la Maison de Sa Sainteté, était tout désigné pour installer son ancien et zélé collaborateur. Il le fit en termes fort élogieux et le jour du 4 février restera une date mémorable dans les fastes de Bobigny.

Le nouveau curé fut accueilli à la Maison Sainte-Marthe avec tout le respect et la vénération possibles, et le dimanche suivant, il présidait une fête donnée en son honneur par le patronage des jeunes filles.

Cher Monsieur le curé, dirons-nous avec la *Semaine Religieuse* de Paris, soyez confiant dans l'avenir; la terre de Bobigny est fertile entre toutes, et quand on sème dans le champ des âmes, il rapporte cent pour un !

VIII. — Mézières-en-Santerre (canton de Moreuil).

Hospice Saint-Joseph.

L'Hospice de Mézières fut établi en 1872 dans l'ancienne bonneterie de M. Dhubert. M. l'abbé Cadot (aujourd'hui vicaire général), alors curé de la paroisse, conseilla à Mlle Alix Morel d'acheter la bonneterie pour la mettre à la disposition des Sœurs de Notre-Dame des Sept-Douleurs, qu'il avait pu apprécier pendant qu'il était vicaire à Saint-Jacques d'Amiens. Mlle Morel ne se fit pas prier, et elle ouvrit sa bourse toute grande, et, pendant 27 ans, et même après sa mort, elle fut la providence de l'hospice, ne demandant pour récompense qu'une seule chose : Ne point paraître.

Le 18 mars 1892, à la veille de la fête de saint Joseph, arrivaient trois Sœurs : Sœur des Saints-Servites, Sœur Saint-Benoît-Joseph-Labre et une novice, qui avait nom Sœur Saint-Pierre, celle en qui s'incarnera bientôt l'œuvre de l'hospice.

Sœur des Saints-Servites, à la mi-juin, céda la place à Mère du Précieux-Sang qui y resta jusqu'au 5 octobre 1896.

Les débuts furent pénibles : les vieillards arrivèrent, la plupart dépourvus de tout, et les Sœurs n'en avaient pas apporté beaucoup plus. La vaisselle, la literie, le linge même manquaient, et on ne voyait pas arriver le samedi sans appréhension. Les Sœurs sacrifiaient une partie de la nuit, et, à force d'industries, elles parvenaient à donner à leurs pensionnaires la propreté et la tenue convenables.

L'installation se faisait lentement quand, au début de juillet, on apprend que M. le Curé est nommé à Amiens. Il y eut un moment d'angoisse, et M. Cadot dut promettre de continuer son appui à l'œuvre; il revint, en effet, plus d'une fois pour soutenir le courage et activer les travaux entrepris en vue d'une chapelle. M. l'abbé Delahaye, curé de Villers-aux-Erables, fut chargé de Mézières, et quatre fois par semaine il y vint dire la messe; lui-même pressa l'aménagement de la chapelle qui fut bénite le 27 octobre par M. le chanoine Estienne, Supérieur de la Communauté, accompagné par M. le chanoine Vion, curé-doyen de Moreuil, qui prit la parole, M. le chanoine Friant, curé-doyen de Saint-Jacques, M. Cadot et M. Delahaye. Mlle Morel avait aidé de tout son cœur; c'est elle qui donna presque tous les ornements, sans compter le reste. Nos mères avaient fait elles aussi leurs petits cadeaux. Il y avait déjà 40 vieillards.

On se prenait à espérer, lorsque le dimanche 26 août 1894, après une journée de chaleur accablante, vers 10 heures du soir, éclate un orage épouvantable : tonnerre, vent font un vacarme effrayant; et bientôt voilà la grêle qui tombe, ou plutôt ce sont des morceaux de glace qui défoncent, cassent et brisent tout; en sept minutes, il n'y a plus ni vitres, ni toits; les légumes du jardin sont hachés, les fruits déchiquetés. Le lendemain lundi, à 4 heures du soir, on ramassa un grêlon, il pesait encore 450 grammes. Et la pluie succède à la grêle; quand les Sœurs purent aller voir, elles trouvèrent les dortoirs inondés, les plafonds troués, les literies noyées, et les vieux qui se demandaient où ils étaient. Il y avait 108 habitants à l'hospice : il n'y eut ni mort, ni malade. Mlle Morel envoya à Amiens une voiture qui amena notre Mère fondatrice, Mère Marie-Marthe, et M. Cadot sur le théâtre du sinistre. Ils arrivèrent à 10 heures; à midi un nouvel orage venait achever le désastre. Et le soir il fallut coucher les vieillards dans la chapelle d'où l'on avait enlevé le bon Dieu, et partout où on put trouver un endroit. Il n'était pas question de demander un abri dans le village; le village tout entier avait eu le sort de l'hospice. Avant la guerre de 1914, on voyait encore dans les murs en torchis les trous faits par les grêlons.

On répara les ruines; il fallut quelques billets de 1.000 francs et du temps. Dieu aidant, on en vint à bout.

L'idée maîtresse qui avait guidé le fondateur de l'hospice était évidemment d'y développer la vie religieuse et d'étendre cette vie dans la paroisse.

Tout en respectant la liberté de tous et de chacun, le prêtre et les religieuses ont pour mission de sauver les âmes. En 1906,

M. Delahaye, ayant eu quelques difficultés pour la location de son presbytère, vint habiter l'hospice, en attendant qu'il y prît sa retraite en 1909. M. l'abbé Serin fut cette même année nommé curé de Mézières avec Villers-aux-Erables comme annexe. Dès lors le service religieux devint facile : messe à l'hospice, messe à l'église tous les jours. Tous les vieillards assistèrent à la messe le dimanche, et les plus valides allaient à la messe paroissiale. Aux grandes fêtes de Saint Joseph, patron de l'hospice, de l'Adoration perpétuelle, de Sainte Marthe, de Saint Pierre, le patron de la Supérieure, de Notre-Dame des Sept-Douleurs, un grand nombre d'hospitalisés se faisaient un devoir de s'approcher des sacrements; en cas de maladie grave, ils demandaient eux-mêmes le prêtre.

Les Pâques étaient pour eux une grande date; on choisissait généralement un jour de l'octave : on était plus libre; la veille plusieurs prêtres étaient à la disposition des vieillards, et le jour de Pâques était vraiment solennel; la Communion générale était émouvante; les larmes de bonheur n'étaient pas rares.

Pendant longtemps, M. le chanoine Cadot vint présider cette fête, et sa présence lui donnait un cachet de solennité, mais aussi de piété et de ferveur très remarqué. Il va sans dire que le dîner était de première classe, comme tout le reste.

La paroisse elle-même bénéficiait de ce courant religieux, les Sœurs y aidaient dans la mesure du possible l'ornementation de l'église, la surveillance des enfants, les catéchismes. Les jeunes filles plus âgées avaient leur réunion à l'hospice; on les exerçait au chant, à la diction, à l'apostolat. Les malades du dehors avaient souvent recours aux Sœurs qui volontiers leur rendaient service; on savait que le cabinet de consultation était toujours ouvert, toujours gratuit; les docteurs encourageaient Mère Saint-Pierre qui, en une foule d'occasions, les remplaça et sauva plusieurs malades en leur donnant à temps les remèdes voulus.

Nous sommes en 1913 : l'hospice est tout ce qu'il peut être, étant donné ses dimensions et ses ressources. Dans les dernières années, on a fait, sous la direction de M. Douillet, architecte, quelques travaux qui ont singulièrement amélioré l'ensemble, facilité le service et assuré l'hygiène.

La cour d'entrée n'a rien du château de Versailles, mais elle se présente bien quand même au visiteur : de la verdure, des fleurs, de l'ombre ménagée par deux lignes de tilleuls en pleine vigueur; au centre, un beau Saint-Joseph, offert par Mlle Pauline de Braches. Plus loin, en regard de l'appartement des hommes, un petit jardin d'agrément : des rosiers, des cognassiers encadrent une statue de Notre-Dame de Lourdes. Et quand le temps le permet, une petite réunion de compères et surtout de commères, discutant sur la politique, avec quelle compétence, la température... — Rollot y excellait — la mode, le régime, les nouvelles du jour.

Le mois de janvier 1914 est marqué par une cérémonie bien touchante. Les parents de M. le Curé célébraient leurs noces d'or. M. Serin a plus de 80 ans : c'est un ancien soldat de l'Empire, qui a vaillamment fait son devoir pendant la guerre d'Italie et la campagne de Crimée; Mme Serin est un peu moins âgée; elle porte sur la figure le calme et la bonté. M. le vicaire général Cadot préside la cérémonie; avant la messe, il adressa aux jubilaires une allocution pleine de talent et de cœur; M. le Curé célèbre le Saint Sacrifice; la fanfare alterne avec les chants, et l'église est pleine !

La guerre va fournir à Mère Saint-Pierre et à ses Sœurs une nouvelle occasion de montrer leur dévouement. Dès les premiers jours, en sentant l'ennemi approcher, la Supérieure a pressenti que l'hospice deviendra ambulance et elle prépare une belle salle pour recevoir les soldats en cas de besoin; elle s'est procuré tout le nécessaire : caféïne, morphine, eau oxygénée.

Le 29 août 1914, à 8 heures et demie du soir, arrivent 45 blessés français, sans major, venant de Proyart. Nulle part blessé n'a été mieux soigné qu'à Mézières; quand la Supérieure eut fini de les panser l'un après l'autre, elle employa le reste de la nuit à quérir des voitures pour conduire « ses enfants » à l'abri de l'ennemi. Mère Saint-Pierre, vous avez dès ce jour bien mérité de la patrie, et ce n'est qu'un début !

Aux premiers feux du jour l'ennemi arrive, flaire, fouille

et ne trouve rien d'anormal, pas même une trace de pansement.

Mais voilà une autre scène. M. le Curé est allé dire la messe à Villers-aux-Erables, annexe de Mézières, c'est le dimanche 30 août. Après la messe, comme à l'habitude, il se dispose à retourner, mais des coups de feu éclatent; des soldats français tirent sur les uhlans errant entre Mézières et Villers. On lui conseille d'attendre, mais déjà il est 10 heures et demie, et il est en retard. Il prend donc sa bicyclette, et le voilà dans la plaine; à l'instant quantité de fusils sont braqués sur lui et le voilà devant un Allemand qui le menace de sa baïonnette et le conduit devant un chef — naturellement « c'est le curé qui a commandé le feu ». C'est pendant qu'il parlemente avec le chef qu'il voit arriver sa vieille mère. Ne voyant pas rentrer M. le Curé, ne le trouvant pas à l'hospice, entendant les coups de feu échangés, la pauvre mère n'y tient plus et elle va au-devant de son fils; une courageuse pensionnaire, Mlle Louise Perrotin, l'accompagne : honneur à cette demoiselle !... La mère se jette aux genoux du chef allemand. Une fois encore l'amour maternel a triomphé de tout ; le groupe rentre à Mézières; on devine la scène, à l'arrivée à l'hospice !

Cependant l'ennemi afflue; Mézières et l'hospice sont envahis; le bon pain blanc, la gibelotte de lapin qui mijotait pour les vieillards, en un clin d'œil tout est enlevé. Les vieillards entourent la Supérieure en larmes « Ma Mère, disent-ils, ne pleurez pas, nous nous passerons *bien de dîner* pour une fois. »

Les Allemands succèdent aux Allemands et il en est ainsi jusqu'à la mi-septembre où l'on acclame les premiers soldats français qui apparaissent.

A ce moment-là, on apprit la mort de Mlle Morel, décédée à la maison de la rue Deberly, à Amiens, le 7 septembre. Ce fut un vrai deuil pour l'hospice et pour le village où elle tenait sa grande place, et où chacun la connaissait pour ses générosités aussi larges que discrètes. Sa dépouille mortelle fut placée dans le dépositoire de Saint-Acheul, et ce ne fut que le 5 janvier 1915 qu'on put l'inhumer au cimetière de Mézières.

Jusqu'à l'évacuation, la maison de Mézières fut tout à la fois hospice, caserne et ambulance. La cour est souvent pleine d'autos, de camions; les portes restent ouvertes toutes grandes, même la nuit, et les soldats, les blessés, les évacués y sont accueillis, soignés, pansés, rafraîchis, réchauffés, suivant les besoins, toujours réconfortés.

En avril 1917, la maison de Mlle Morel, devenue depuis propriété de la Communauté depuis le 30 mars 1916, était occupée par l'État-Major entouré de 200 soldats. Un obus arrive, frôle l'étendard de la statue de Jeanne-d'Arc qui se trouve dans la cour, et s'enfonce dans la terre à 3 ou 4 mètres de profondeur. Il n'a pas éclaté; la douille vidée de ses 100 schrapnels par le Génie est restée longtemps sur l'autel de saint Joseph... Sainte Jeanne d'Arc, saint Joseph, Merci !...

Parmi les mobilisés de marque qui furent hébergés à l'hospice, figure Mgr Llobet, évêque de Gap. Il y demeura quinze jours. Le 2 janvier 1917, il envoyait une carte ainsi conçue : « L'étape de Mézières occupe dans ma campagne une place de choix... Ma bénédiction et mes prières portent à la petite Communauté de Mézières le témoignage de ma reconnaissance et de mes bons souhaits.

« Religieusement dévoué.

« † GABRIEL, *év. de Gap.* »

M. Jacques Salats, le neveu de Mgr Marbeau. Ce jeune soldat avait été tué près de Mézières et on l'avait apporté à l'hospice. Quelques jours après, l'évêque de Meaux écrivait : « Mgr Emmanuel Marbeau adresse ses religieux remerciements à la chère Supérieure de l'hospice pour les soins charitables et pieux dont elle a eu la bonté d'entourer son neveu ravi en service commandé à l'affection de toute sa chrétienne famille éplorée.

« † EMMANUEL, *év. de Meaux.* »

Le colonel Préaud; en décembre 1916, il envoyait une carte à la Supérieure, en témoignage de reconnaissance pour la bonne hospitalité qu'il avait reçue, lui et ses officiers, avec l'assurance de leur respectueux dévouement.

Le commandant du 273e Territorial, André, qui écrivait le 9 janvier 1917 : « Ma Révérende Mère, au commencement de cette année, permettez-moi, et en mon nom et au nom du Dr Brac, de l'abbé Danset et du Dr Le Goff, de vous offrir mes vœux les meilleurs et mes souhaits bien sincères pour la réalisation de tous vos désirs, de ceux de vos très chères Sœurs et de MM. les Curés ancien et actuel de Mézières. Dieu répande ses bénédictions sur votre maison, donne à vos infirmes courage et patience et suscite à beaucoup de bonnes âmes l'idée de vous aider dans votre œuvre.

« Soyez aussi remerciée, ma Révérende Mère, de toutes vos marques d'attention et de toutes les gâteries sans nombre dont vous nous avez comblés pendant notre séjour à Mézières et de vos bonnes prières pour nous. »

Un artilleur du 55e, Charles Fournet, envoie, le 12 octobre 1914, une carte représentant une religieuse soignant un blessé. Il y écrit ces simples mots : « Voilà celles qui remplacent nos mères. »

« Un qui ne vous oublie pas. »

L'hospice a reçu aussi le capitaine Lasies avec ses deux fils; M. le Vicaire général de Périgueux, M. le Secrétaire particulier de Limoges.

Mézières et l'hospice en particulier avaient été bien éprouvés, mais on se fût consolé si la France étant victorieuse, on eût pu rester chez soi, même en souffrant.

La France aura la victoire, mais il faut dire adieu à Mézières et partir — quitter la Maison, où depuis vingt-six ans Mère Saint-Pierre se donne sans compter, où depuis la guerre elle s'est dépensée plus encore — et pourtant il le faut.

Le mardi 26 mars 1918, à 4 heures du soir, l'ordre est donné d'évacuer; il y a encore 80 pensionnaires à l'hospice; sur 80, il y en a 20 qui peuvent à peine marcher seules et 30 qui auraient de la peine à faire 2 kilomètres. Il n'y a donc pas à songer à partir à pieds. M. le sous-préfet de Montdidier, averti de la situation par la Supérieure, promet des autos qui ne viennent ni ce jour-là, ni le lendemain. Le jeudi 28, un auto anglais emporte les plus infirmes en promettant de revenir; il n'est jamais revenu.

Ce sont ces 26 infirmes qui, accompagnés de M. l'abbé Delahaye et de ma Sœur de la Présentation, passent par Bacouël, et vont se réfugier, au moins provisoirement, à Perrou, dans l'Orne. Mais les autres ! les autres attendent... et toujours pas de voitures !... 18 vieillards, accompagnés de 3 Sœurs, s'aventurent à pieds jusqu'à Moreuil...; arrivés à Moreuil, plus de train, il faut continuer la route à pieds. Il reste encore à l'hospice une trentaine de malheureux, et on bombarde Mézières. Enfin deux autos les prennent; mais sans aucun bagage ni même une petite provision de voyage. — Il est 3 heures et demie du soir; on arrive à Moreuil à 7 heures et demie : quatre heures mortelles d'une odyssée qu'il faut avoir vue pour la connaître; Mézières flambe; les obus pleuvent. Quand la pluie devient plus violente, les conducteurs des autos se mettent à l'abri sous leurs voitures. Enfin on arrive à la gare de Moreuil.,. pour abri et campement, le trottoir de la ligne et il tombe de l'eau ! Enfin deux autos veulent bien prendre les pauvres débris. — La Supérieure était à peine montée, la dernière comme de juste, qu'une bombe tombe à vingt pas... elle n'a pas éclaté, et on arrive à Boves. — C'est le Vendredi Saint — un vrai pour tous... et de Boves à Paris ! — A Paris les Dames de la Croix-Rouge viennent au secours des voyageurs, s'ils méritent encore ce nom, car ils meurent de faim... et surtout de soif. Ils vont passer la nuit dans une salle du Lycée Charlemagne — et le Samedi Saint, le bataillon, qui n'a rien de militaire, assurément, reprend le train à la gare de Lyon, soit disant pour Château-Chinon. — Le jour de Pâques, à 2 heures du matin, ceux qui entendaient encore, entendent : Nevers. — Nous repartirons à 5 heures.

Mais de 2 heures à 5 heures nous faisons du travail. A Nevers, nous avons déjà des Sœurs, et pendant que nos vieux ragaillardis par une bonne tasse de café offerte à la gare vont se reposer dans des wagons de 2e classe, mis à leur disposition, deux religieuses autorisées vont voir leurs compagnes — leurs compagnes sont les Sœurs de Festubert évacuées il y a quelque temps. Elles reviennent ensemble à la gare. Quel bonheur de se retrouver surtout à pareil moment ! et quel bonheur ce serait de rester ensemble, *habitare fratres in unum !* Ce bonheur, elles l'auront..., c'est le jour de Pâques, c'est la résurrection !... du moins partielle. M. le Commissaire autorise, et tout le monde s'en va à la rue de la Chaumière. Ah ! la rue de la Chaumière n'a pas volé son nom. La maison qui s'ouvre à deux battants est un local inachevé qui doit devenir une école, et qui, en attendant, abrite les épaves de Festubert, et qui va abriter maintenant les épaves de Mézières. On aurait de la peine à savoir quelles sont les plus contentes des Sœurs reçues et des Sœurs qui reçoivent. M. le préfet est à l'unisson; il fait remettre 10 pains, 30 couvertures, 30 paires de draps et autres objets nécessaires. Mgr l'Évêque ouvre ses bras, son cœur et sa bourse. Vraiment nous sommes gâtés !... et nous aurions tort de chercher mieux, nous ne le trouverions pas.

Les hospitalisés de Festubert et de Mézières retourneront en 1919. — On les recevra à Conty, à Blangy; en attendant ils se laissent vivre et ils ont raison. Nevers s'est montré très bon pour eux. Merci à Nevers, à Monseigneur, à M. le Préfet, à M. le Maire, à toutes les autorités et à tous les bienfaiteurs ! Que Dieu leur rende au centuple tout ce qu'ils nous ont donné !

Quatre ans ont passé. Mère Saint-Pierre est Supérieure de l'hospice de Bourdon où elle continue son œuvre. Mais une partie de son cœur est restée à Mézières qu'elle voudrait tant voir se relever de ses ruines. Son légitime désir est partagé pour tous ceux qui ont connu l'hospice, le cher hospice de Mézières !

IX. — Festubert, canton de Beuvry (Pas-de-Calais).

Hospice du Sacré-Cœur.

Le 3 mai 1892, par devant Me Vouters, notaire à Beuvry, M. l'abbé Jean-Baptiste David et sa sœur, Mlle Adèle, vendaient, à Mlles Glavier, Berquer et Davaut, un certain nombre de pièces de terre, terroir de Festubert; de plus, un groupe de neuf maisons d'habitation bâties sur une contenance de 35 ares 46 centiares et un manoir amasé d'une maison de ferme et autres dépendances contenant environ 43 ares 32 centiares. Les neuf maisons réunies avaient été bâties par M. l'abbé David qui en avait fait des logements d'ouvriers, surtout d'ouvriers mineurs; il y aurait recueilli également quelques indigents; c'est ce que nous appellerons l'Hospice.

L'autre manoir qui, selon toute apparence, avait été la ferme des parents, nous l'appellerons annexe ou garderie.

M. l'abbé David n'avait pas osé recevoir les ordres sacrés, il était resté clerc minoré. C'était un brave cœur, rempli de charité pour le prochain, et il avait eu pitié de la foule, en particulier des ouvriers, préoccupés de la question du logement à trouver et à payer. Il est probable que ses locataires ne lui ont pas donné toute satisfaction; toujours est-il qu'ayant eu l'occasion de causer aux Sœurs quêteuses de la Congrégation de Notre-Dame des Sept-Douleurs, il leur proposa ses domaines. Il vendrait ses maisons et ses terres à la Communauté qui accepterait le frère et la sœur comme pensionnaires.

La chose fut conclue, et bientôt, le 18 mai 1893, la Communauté prenait possession de l'hospice et de l'annexe.

Nous ne nous arrêterons pas à dire que les débuts furent plutôt pénibles; il en fut de même, à peu près, dans toutes les maisons; il fallut meubler, approprier, adapter, et un peu plus tard il fallut réparer, consolider, agrandir; on commença par faire une grande salle qui fut le réfectoire des hommes.

Pendant quelques années, on put, avec un peu de bonne volonté, marcher à peu près. Mère du Sauveur d'abord, puis Mère Sainte-Lance y mirent tout leur talent et tout leur cœur. La Garderie surtout faisait merveille; les petits enfants y affluaient tous les jours, conduits par leurs mamans; le dimanche, les jeunes filles de la paroisse s'y réunissaient, y faisaient de petites fêtes de famille et y préparaient les offices des Enfants de Marie qu'on célébrait dans la belle église paroissiale. La Sœur Saint-Louis de Gonzague, par sa piété et son dévouement, était l'âme de la maison et s'attirait facilement les cœurs. Elle n'a pas eu la douleur de voir les ruines de son œuvre; elle était morte en mars 1914. Ne séparons pas d'elle sa jeune compagne, si dévouée elle aussi, à l'enfance et à la jeunesse, ma Sœur de la Résurrection à qui il ne manquait qu'un peu de santé; elle est morte à 36 ans.

Mais les maisons, sans être anciennes, n'étaient guère solides, bâties qu'elles étaient sur un terrain marécageux, en contre-bas de la route, et avec des matériaux fort économiques. Le bois des cloisons intérieures était vermoulu; on ne pouvait balayer ni les corridors, ni les chambres, sans dégradation; le bois lui-même était en poussière. Quant on essaya d'y remédier, le mal apparut plus grand encore, et il fallut tout reprendre en sous-œuvre jusqu'à 1m,25 de haut. Le travail fut confié à M. Yernaux, architecte expert de Cambrin, et à M. Hector Lecœur, entrepreneur à Cuinchy. Ils prirent leur besogne à cœur et donnèrent à cette maison, qui se présentait fort bien d'ailleurs, toute la solidité et le confort possibles. Disons tout de suite qu'à la partie ancienne on annexa une contre-partie qui assura le tout : réfectoire des femmes, dortoirs, lingerie; on y fit tout le nécessaire. Les travaux durèrent de 1910 à 1914, presque sans interruption.

La chapelle fut, comme de juste, l'objet d'une attention particulière.

Ce qui devint chapelle lors de la prise de possession de l'hospice était, dans les desseins de M. l'abbé David, une simple salle destinée aux enfants des ouvriers, ses locataires, à qui il aurait fait le catéchisme. Les Sœurs, en arrivant, en firent une chapelle, mais elle était trop petite; on l'agrandit en lui ajoutant une travée; elle était trop basse, on l'exhaussa, ce qui permit de relever le pavé et de le mettre au niveau du corridor sur lequel elle s'ouvrait. Mais au fur et à mesure, on désirait toujours mieux, et au commencement de mars 1914, M. Grevet, peintre décorateur d'Amiens, arrivait avec tout le personnel nécessaire pour faire un petit sanctuaire, qui n'avait rien d'une cathédrale ni d'une église de style, mais qui charmait les regards et excitait l'admiration des visiteurs. Le 16 juin, on y célébrait la fête de l'Adoration. C'était un petit coin du paradis, et les vieillards étaient ravis.

C'était à la mi-juin 1914; à la fin d'octobre notre petit bijou de chapelle était défoncé par les obus allemands. Et, en effet, voilà la guerre et la ruine. Les 23 et 24 octobre, il faut se sauver sous les obus qui pleuvent. Les soldats anglais n'y sont pas à la fête non plus, et l'hospice ne sera bientôt qu'un monceau de ruines, en attendant que les ruines elles-mêmes aient disparu.

La Supérieure générale, qui avait été directrice à Festubert, est allée voir son ancienne maison, en février 1920. Elle était passée devant l'emplacement de la Garderie, sans s'en apercevoir. Et cependant la maison avait une certaine importance, elle était bâtie en briques; et en équerre, avec le corps de bâtiment, en avant, il y avait une chapelle privée, plus grande que les chapelles privées ordinaires; il n'en restait plus pierre sur pierre.

Festubert et La Bassée, près Festubert, ont été signalés, en effet à plusieurs reprises, dans le communiqué officiel, comme le théâtre d'une lutte acharnée pendant des mois. Les matériaux des maisons démolies par la mitraille étaient enlevés et employés à rendre les chemins moins mauvais.

Le 23 octobre 1914, une partie des habitants de l'hospice avaient été transportés à Beuvry et déposés dans une grande salle de théâtre; le 24, la situation devenait impossible à l'hospice, les obus pleuvaient, quatre vieillards avaient été blessés, il fallait évacuer la maison au plus vite... il ne fut question ni de bagages, ni de basse-cour.

S'étant bien assurée qu'il ne restait personne, et c'était prudent, à raison de certains vieux que les projectiles avaient totalement perdus, la Supérieure partit emportant le Saint Ciboire qu'elle remit en arrivant à Beuvry entre les mains de M. le Doyen.

Le 27 octobre, Beuvry lui-même n'était plus tenable; il fallut s'éloigner de nouveau, et les soldats anglais transportèrent tout le personnel à Béthune, à la caserne du 73e d'infanterie, dite La Feuillade. Les quatre blessés, et douze des plus infirmes furent recueillis à l'hôpital.

Il fut bientôt évident qu'on ne pourrait pas rester à Béthune, et le 14 novembre, un ordre du sous-préfet fit évacuer sur Nevers. Tant bien que mal on arriva à Nevers dès le 16, vers midi. Ne nous arrêtons ni au débarquement ni à la traversée de Nevers — ceux qui ont vu le tableau s'en souviendront longtemps — et arrivons à destination : Asile Saint-Joseph, rue de la Chaumière. C'était une école inachevée, sans plafond en plusieurs endroits; on essaya de l'aménager le moins mal possible.

Les Sœurs de Charité de Saint-Gildard et les Petites Sœurs des Pauvres nous donnèrent des matelas, des couvertures, tout ce dont elles pouvaient disposer.

Les autorités civiles, M. le Préfet, M. le Maire ont fait tout le possible pour nous procurer le nécessaire, et leur sympathique concours ne nous a jamais manqué. Mgr l'Évêque fut un des premiers à nous rendre visite, et il nous continua sa bienveillance et ses générosités. M. le chanoine Jacquand et M. le curé de Saint-Pierre, notre paroisse, veillèrent sur nous comme des amis. De nombreuses personnes, et en particulier Mme Roussignol, nous vinrent en aide en maintes occasions. Si la ville de Nevers a témoigné aux Sœurs en plus d'une occasion le désir de les garder, nos Sœurs ont conservé de leur séjour dans cette ville un excellent souvenir.

Pour un moment, laissons la parole à un journal local, *France-Centre,* dans son numéro du 30 mars 1915.

L'exode des Sœurs de Sainte Marthe.

« Il existe à Festubert (Pas-de-Calais) un hospice du Sacré-Cœur confié à la direction des Sœurs hospitalières de Notre-

Dame des Sept-Douleurs et de Sainte-Marthe dont la Maison-Mère est à Amiens.

« L'hospice de Festubert est situé en pleine campagne, comme le veut l'Institution des Sœurs de Sainte-Marthe, parce que, tandis que les villes possèdent souvent plus d'un établissement hospitalier, les campagnes sont presque toujours dépourvues d'établissements semblables.

« Les Sœurs hospitalières de Sainte-Marthe occupent donc, à Festubert, commune rurale de 1.300 habitants environ, un hospice, où elles entretenaient avant la guerre 140 vieillards et infirmes des deux sexes et de tout âge.

« Elles ont aussi une garderie d'enfants.

« Le Gouvernement leur donne une certaine subvention par jour pour l'entretien de chaque hospitalisé.

« Festubert se trouva, dans le courant du mois d'octobre dernier, en plein théâtre de la guerre, entre les troupes anglaises et françaises et les troupes allemandes.

« Le village fut bombardé par les Allemands du 1er au 24 octobre. Bien que la croix de Genève fût placée sur l'hospice les obus pleuvaient en telle quantité qu'il paraissait que les Allemands la prenaient comme point de mire. La croix devait servir d'égide, on eut soin de l'enlever.

« On fit cette remarque que les bombes des aéroplanes tombaient particulièrement sur les croix. L'église de Festubert fut bombardée, incendiée, détruite.

« Dans l'hospice, sept personnes furent atteintes par des éclats d'obus.

« L'aile de l'hospice menaçait déjà ruine, la chapelle qui devait être entièrement détruite et crouler après le départ des Sœurs, était atteinte à chaque moment par des bombes explosives.

« Pendant deux jours, durant la grande bataille, on ne s'était nourri dans la maison que de biscuits fournis par les Anglais.

« Que faire? Il fut décidé que les Sœurs et tous les hospitalisés partiraient. On croyait aller à Amiens.

« Quatorze malades, incapables de supporter les fatigues de la route, furent laissés à Béthune, quelques autres se réfugièrent chez leurs parents.

« A Beuvry, du 24 au 27 octobre, les Sœurs et les hospitalisés avaient couché dans un théâtre en bois. A Béthune, tout le monde coucha dans la caserne La Feuillade. On n'avait emporté que quelques hardes, dans la persuasion qu'au bout de quelques jours tout le monde pourrait rentrer dans la maison.

« Mais à Amiens, on arriva au moment où la municipalité faisait évacuer les réfugiés. Les Sœurs et leurs hospitalisés furent dirigés sur Rouen. A Sotteville, on leur apprit que, d'accord avec le préfet du Pas-de-Calais, le préfet de la Nièvre allait recevoir Sœurs et hospitalisés.

« Après des heures et des heures de jour et de nuit, dans des wagons sans éclairage, les vaillantes Sœurs ont débarqué un beau matin à Nevers, suivies de leurs vieillards éclopés, infirmes, avec un train de réfugiés et d'orphelins venant du Nord.

« Un journal de Nevers donne sur leur installation provisoire en cette ville, les détails suivants :

« L'asile de la Chaumière ayant été mis à leur disposition par la Ville, il a fallu que les religieuses pourvussent à l'aménagement de la maison. Car il n'y avait que de la paille et pour coucher des vieillards impotents, malades et fatigués, ce n'était pas suffisant. Cependant, grâce à l'initiative intelligente des administrateurs, à la charité de personnes généreuses, bientôt on put confectionner des paillasses et des matelas. Quelques dons de draps, de couvertures et d'oreillers vinrent compléter la literie.

« L'hôpital tel qu'il est actuellement, abrite et soigne, grâce au zèle de huit Sœurs de Sainte-Marthe, cent personnes, vieillards, amputés, infirmes, aveugles et paralytiques, ayant subi tous les maux et passé par toutes les traverses de la vie.

« Dans les salles du fond, sont les vieillards, hommes, infirmes, impotents, dans un état qui réclame des soins particuliers et de tous les instants, souvent comme des enfants.

« Dans la salle des femmes, on remarque plusieurs aveugles. L'une a son brevet et l'autre est organiste. Ces deux pensionnaires, venues avec les religieuses et les vieillards de Picardie, sont originaires de la Nièvre.

« L'installation de cet hôpital est des plus primitives, partout le zèle intelligent des religieuses a suppléé à la pénurie d'ustensiles de toutes sortes. Les cuisines semblent une installation plutôt militaire et cependant les religieuses ont pu recevoir et préparer les repas à 130 réfugiés de passage à Nevers ces jours-ci et cela, tout en pourvoyant à l'alimentation de leurs propres vieillards.

« Ces religieuses ne laissent jamais passer l'occasion de faire le bien. La Chère Mère n'a-t-elle pas recueilli, ces jours-ci, encore deux petits orphelins abandonnés, qui étaient venus avec les derniers évacués du Nord et dont la mère avait été tuée par les Prussiens, en se sauvant devant l'invasion?

« Dans cette sorte de campement, la partie réservée aux religieuses est de la plus troublante simplicité; une petite chambre avec, par terre, sur le dallage, des paillasses côte à côte et se touchant, recouvertes de vieux couvre-pieds, au mur un crucifix et c'est tout, pas même une chaise.

« La maison a eu treize morts; un malheureux hospitalisé est mort en arrivant à Nevers.

« Madame la Supérieure des Sœurs nous a reçus dans la pièce qui leur sert de pièce de réception, de salle à manger, de salle à raccommodage des effets de leur monde.

« Un petit garçon, une petite fille recueillis par les Sœurs se pressent en jouant auprès de l'une d'elle qui s'intéresse à leur babil.

« On nous raconte le voyage si pénible de Festubert à Nevers, l'accueil réconfortant qu'a fait la population de Nevers à la caravane épuisée; mais ce qui nous frappe d'admiration c'est la façon dont les Sœurs de Sainte-Marthe prodiguent à tant de déshérités les soins qui raniment, les remèdes qui guérissent, les consolations qui ravivent.

« Il suffit de jeter ici les yeux autour de soi, sur les vieillards qui se traînent péniblement dans les salles voisines, pour comprendre que ces Sœurs de Sainte-Marthe portent la charité à son comble et accomplissent des miracles pour subvenir à la détresse de ces malheureux qui ont quitté leur clair asile des champs pour camper ici dans des pièces par trop dénuées de mobilier.

« Nous comprenons que la peine la plus vive des Sœurs est de se sentir dans l'impossibilité de secourir leurs pensionnaires, si dignes de pitié, comme elles le voudraient.

« Mais beaucoup de personnes charitables, après une visite à l'asile de la Chaumière, d'où elles sortiront la poitrine oppressée, se décideront à leur venir en aide.

« C'est ici, comme un peu partout, que la bienveillance privée aura des titres à faire valoir sur le terrain de l'assistance publique.

« Celle-ci, puissante et efficace mais insuffisante dans les circonstances extraordinaires actuelles, doit être aidée par l'initiative privée. Des personnes bienfaisantes entendront l'appel des Sœurs de Sainte-Marthe pour des infirmes, des vieillards et des enfants dignes de toute la miséricorde humaine. »

La vie à la rue de la Chaumière fut telle qu'elle pouvait l'être dans un campement où chacun y mit du sien pour que les voisins ne manquent de rien.

Mlle Adèle David y mourut en juillet 1917. Son frère, M. l'Abbé, était mort à Festubert en novembre 1898. Leur mémoire n'y est pas oubliée, et les habitants se souviennent d'eux comme de bienfaiteurs insignes.

Religieuses et vieillards restèrent à Nevers jusqu'au 5 juillet 1919. Ce jour-là ils se rendirent dans les différentes maisons de la Communauté qu'on leur avait assignées. Festubert serait heureux de voir s'élever le nouvel hospice; la Communauté ne serait pas moins heureuse. Mais il ne faut pas oublier la recommandation de l'Évangile : Quel est celui d'entre vous qui, voulant bâtir une tour, ne s'assied pas d'abord pour supputer la dépense nécessaire et voir s'il a de quoi terminer l'entreprise? Il doit craindre, en effet, qu'après avoir jeté les fondements, il ne puisse conduire l'ouvrage à sa fin, et qu'alors tous ceux qui le verront ne se mettent à le railler en disant : « Celui-ci a commencé un édifice et n'a pu l'achever. » (LUC, XIV, 28.)

X. — Maisières, près Mons (Hainaut-Belgique).

Internat Saint-Joseph.

Le 1er juillet 1922, la Supérieure de l'Internat Saint-Joseph, Mère Marie du Sacré-Cœur, adressait aux familles une lettre dans laquelle elle disait :

« En ouvrant à la campagne, en 1893, une maison d'éducation pour jeunes filles, nous n'avons fait que répondre aux vifs désirs et souvent aux pressantes sollicitations des familles et des autorités chargées de leur avenir.

« Notre situation privilégiée dans une localité baignée d'air et de lumière, un établissement spacieux, des aménagements agréables et commodes sont de précieux avantages qui sollicitent pour nous la faveur de votre choix. »

C'est dire la destination de cette maison ouverte en 1893 et qui depuis a fait ses preuves par le nombre d'élèves qui y ont été admises, et par les résultats sérieux qu'elle a obtenus.

La maison est presque neuve; elle est composée d'un rez-de-chaussée et de deux étages et se présente fort bien. Elle est flanquée à droite d'une belle chapelle, surmontée d'un clocher, avec un portail qui donne sur la rue. Cette maison appartient à M. le baron du Bois de Chantrieux; il l'a louée à la Communauté par un bail emphytéotique, donc pour une durée de 99 ans.

Plus d'une fois, à raison des réparations nécessaires que la Communauté a été obligée de faire, et en particulier après la guerre en 1919, par suite des bombardements de toutes sortes que Maisières a subis, il avait été question d'acheter la maison, mais jusqu'ici les pourparlers n'ont pas abouti.

Il s'est passé dans cette maison, depuis son origine, ce qui se passe dans toute maison d'éducation bien tenue, où règnent l'ordre, la propreté, et où l'on s'efforce d'inculquer aux enfants une piété solide. Et il n'y aurait rien de particulier à dire si la grande guerre de 1914 n'y avait pas eu son théâtre à deux reprises différentes.

Les Allemands, ayant occupé la Belgique en août 1914, nos Sœurs de Maisières furent séparées de la Communauté, et nous fûmes sans nouvelles jusqu'au 19 mars 1915, jour où nous avons été rassurés par un prêtre-soldat en résidence à Noisy-le-Sec, M. l'abbé Evrard, aumônier des Sœurs de Sainte-Thérèse à Nimy, près Maisières. Il avait reçu une lettre de sa mère qui lui disait que nos Sœurs et les enfants allaient bien. Les nouvelles furent rares quand même, car toute correspondance directe était impossible.

Le 16 juin 1915, par M. Destrées, l'oncle de deux élèves, employé au télégraphe belge; le 20 août, par M. Lebas, fils du docteur de la maison, en résidence à Cantorbéry; le 12 mars 1916, de nouveau par M. Destrées, nous eûmes quelques petits renseignements. Le 24 janvier 1917, un mot officiel nous fit comprendre que nos sœurs seraient heureuses de recevoir un peu d'argent par le ministère des Affaires étrangères. L'argent fut envoyé, mais il a fallu attendre plus d'un an pour savoir qu'il était parvenu.

Ce n'est que le 25 décembre 1918 que nous eûmes des nouvelles directement; quatre lettres qui n'étaient pas datées de la veille nous sont arrivées ce jour-là.

Voici ce qui s'était passé :

Dès le mois d'août, Maisières devint théâtre de la guerre; le canon tonne, les balles sifflent, quelques-unes tombent sur le toit de la maison, les avions survolent sans arrêt. Le 22, apparition des premiers uhlans; le 23, rude combat entre Maisières et Mons; quelques maisons brûlées, le 24, dès 3 heures du matin, un coup de sonnette formidable : six ou sept officiers allemands accompagnés de M. le Curé requièrent la maison pour y mettre des blessés; en un clin d'œil, ils sont partout, même au dortoir des enfants qui, à demi éveillées, se demandent ce que cela veut dire.

D'accord avec M. le Bourgmestre, les pensionnaires sont recueillies par les habitants du village qui aiment mieux loger des enfants que des soldats; la Supérieure ira les voir chaque jour à leur nouveau domicile, et cela dure environ trois mois;

encore fallut-il, un peu plus tard, pour éviter une nouvelle évacuation, prendre les enfants des écoles communales, même les institutrices, et cela pendant 22 mois. Cependant les blessés sont apportés et déposés un peu partout; la maison regorge; il y en a jusque sur les marches de l'autel; on compte avec les Allemands 75 anglais qu'ils ont faits prisonniers.

Les blessés restèrent peu de temps, mais assez pour souiller toutes les literies; le sang a coulé partout : les traces en font foi; les infirmiers ont perfectionné l'œuvre; la maison est comme une caserne abandonnée, et en quel état !

Quand on eut tout désinfecté et approprié, les enfants rentrèrent et reprirent à peu près leur vie normale; elles s'habituèrent aux casques à pointe, aux perquisitions de chaque jour, aux exigences arbitraires et sans fin.

Mais au milieu de 1918, les Allemands reviennent plus nombreux; les écoles durent quitter la maison et leur céder la place; le mobilier des classes fut scié pour faire du feu; ce qui restait fut employé pour rôtir les poulets et lapins de l'armistice, fêté par la musique, la danse et les libations. Le 11, c'étaient les Anglais, meilleurs hôtes assurément en tant qu'alliés, mais plus bruyants encore et plus destructeurs. La tragédie finit par le séjour d'étudiants écossais qui occupèrent deux grandes classes où ils vinrent suivre des cours jusqu'à la fin de mars 1919.

Pauvre Maison ! faut-il t'avoir si bien soignée depuis que nous y sommes pour te voir dans l'état de délabrement où ils t'ont mise !

Aujourd'hui elle est redevenue la belle maison, mais à quel prix !

Deux Sœurs y sont mortes, l'une, Sœur de la Rédemption, le 19 mars 1918, après plusieurs mois de paralysie presque totale; elle était rapetissée de plusieurs centimètres. Elle rendit le dernier soupir pendant un bombardement terrible. « Elle fut patiente, bonne, édifiante jusqu'au bout, écrivait la Supérieure, elle sera au Ciel une protectrice pour notre belle œuvre. »

La deuxième Sœur, Sœur Sainte-Colette, mourut le 2 mars 1921; elle avait à peine 48 ans, dont 24 de religieuse qu'elle passa presqu'entièrement à Maisières, au service des enfants qu'elle aimait et soignait comme une mère, et qui l'appelaient parfois maman Colette. Fatiguée au delà de toute expression, surtout peut-être à la suite des émotions de la guerre, elle fut appelée à Bacouël pour s'y reposer; mais elle s'ennuyait de ses enfants, et, après cinq mois, elle retourna au milieu d'elles. Elle y mourut, laissant à ses compagnes et aux élèves l'exemple d'une vie profondément religieuse; elle aussi veillera sur la chère Maison de Maisières !

XI. — Estrées-sous-Bellone, par Arleux (Nord).

Hospice de Notre-Dame du Mont-Carmel.

La Maison d'Estrées, convertie en hospice, était une ferme appartenant à M. le Maire. M. l'abbé Lefebvre, curé d'Estrées (aujourd'hui curé de Saint-Jean-Baptiste à Roubaix), acheta cette ferme et la céda à la communauté.

Mère du Sauveur y arriva le 13 novembre 1896 avec deux autres religieuses : Sœur de la Sainte-Face et Sœur Saint-François Régis.

Les Sœurs, sur l'invitation de M. le Curé, commencèrent par s'occuper de la jeunesse et organisèrent les réunions des enfants de Marie. La Maison était bien destinée à devenir un hospice, mais pour recevoir des vieillards il fallait des locaux, car il n'y en avait pas. Les quelques appartements qui composent la ferme étaient insuffisants, en tous cas peu faits pour recevoir des malades et des infirmes. On se mit à l'œuvre et en mai 1877, Mgr Monnier, évêque de Lydda, auxiliaire de l'archevêque de Cambrai, voulut bien venir bénir l'installation primitive qu'on appela hospice. Nos trois Mères fondatrices assistaient à la cérémonie, donnant une preuve de sympathique encouragement à leurs filles qui avaient déjà tant travaillé.

Bientôt on commença la chapelle, une grande chapelle, trop grande à première vue, car on ne pouvait pas prévoir alors qu'elle deviendrait église paroissiale en 1919. L'église paroissiale qui était dix fois aussi solide que la chapelle a été détruite pendant la guerre.

Les religieuses, avaient hâte d'avoir leur chapelle, et elle fut bénite à la fin de septembre 1898, avant même d'être pavée. La cérémonie fut faite par M. le curé d'Estrées, assisté de M. l'abbé Hespel et de M. l'abbé Boyenval. Notre Mère, Marie-Marthe et Marie-Joseph étaient présentes.

On continua l'aménagement, on fit quelques petites constructions, et sans être bien confortable, le petit hospice devint une maison où l'on se plaisait et où l'on semblait heureux.

M. l'abbé Sion succédait à M. Lefebvre et il était profondément dévoué à l'œuvre hospitalière; en 1913 il eut pour successeur M. l'abbé Rogier, l'homme providentiel qui vit déclarer la guerre, fut emmené en captivité, nous en parlerons plus tard, et qui rentré à Estrées, se mit courageusement à relever ce qui pouvait être relevé parmi les ruines, habitant lui-même un morceau resté debout dans l'hospice, semant autour de lui la confiance et l'espoir et attendant les Sœurs. Il fut remplacé en 1922 par M. l'abbé Dhennequin qui, plusieurs fois, lui aussi, redemanda les Sœurs. Mais les Sœurs ont été dispersées, et l'hospice d'Estrées ne paraît pas devoir être restauré demain.

Plusieurs des maisons hospitalières ont été détruites, ou à peu près; celle d'Estrées a été d'abord envahie, puis à moitié détruite.

Dès le mois de septembre 1914, les Allemands vont et viennent en patrouilles, mais le 1er octobre, ils arrivent en foule; ils commencent par saisir M. le curé, M. l'abbé Rogier, accusé comme tant d'autres prêtres d'êtres « l'âme de la résistance ». Il pouvait y avoir du vrai, mais on n'a pas le droit de condamner pour procès de tendance. D'ailleurs, à midi, ils lui rendent la liberté.

Dès leur arrivée, ils se mirent, selon leur habitude, à molester les habitants, ceux de l'hospice comme les autres, — et pourtant ceux-ci sont bien inoffensifs. Les Allemands prennent tout ce qui leur plaît, les chevaux, donc celui de l'hospice; les voitures, donc celle de l'hospice; les meubles, les literies, même les vieux, du moins quelques-uns. Les chiens sont taxés à 25 ou 30 marks, c'était un peu cher, et il y avait bien des victimes, entre autres, le chien de l'hospice; les chats eux-mêmes doivent être munis d'un collier et gardés au logis : les chats n'ont pas tenu compte des prescriptions de la Kommandatur. Il y a défense de sortir, de 6 heures du soir à 8 heures du matin; en revanche, toutes les portes doivent rester ouvertes. Et bientôt on a faim, — du pain rouge, gluant, exhalant une odeur nauséabonde... et il est pesé; de la viande une fois par semaine — et les pensionnaires se plaignent, tout naturellement, — pour éclairage, on se sert de saindoux.

Le 11 octobre 1916, quatre gendarmes, dits les diables verts, appréhendent M. le Curé, mais cette fois, c'est sérieux : il avait deux petits pigeons. M. le Curé est conduit à Vitry (Pas-de-Calais), de là, il est dirigé sur l'Allemagne où il est condamné à faire des capotes de soldats.

Le 25 mai, à 6 heures du matin, M. le Curé faisait sa rentrée à l'hospice, avec un de ses paroissiens, un cultivateur qui avait été emmené avec lui pour le même crime.

Les habitants d'Estrées, obéissant à un sentiment légitime de droiture et de reconnaissance, avaient fait une pétition, redemandant le curé, et contre tout espoir, la pétition avait obtenu son effet.

Mais nos deux rapatriés étaient méconnaissables, tellement ils avaient souffert pendant leurs sept mois d'exil.

Pendant les sept mois, la paroisse d'Estrées n'a pas abandonné ses pratiques religieuses; tous les dimanches, l'avant et l'après-midi, il y avait réunion à l'église; sous la direction d'une Sœur, on récitait le chapelet et on chantait, le matin, le *Credo;* le soir, le *Miserere* avec quelques prières, pour demander la paix. Pour les enterrements, le chantre prenait la Croix, allait chercher le corps, et, arrivé à l'église, il chantait le *Miserere,* le *Libera,* et au cimetière le *De Profundis.*

Sans nier l'efficacité de la prière, il nous est permis de croire que cette fidélité des paroissiens à leurs exercices de piété n'a pas été étrangère à la délivrance inespérée de leur curé.

Faut-il signaler ce qu'on a subi un peu partout dans les zones rouges ou quasi rouges; les combats d'avions, avec les projectiles qui pleuvaient à l'aventure; le fracas des canons qui faisaient l'effet, à certaines heures, de machines infernales sous terre qui ébranlaient tout, ouvrant portes et fenêtres, tout d'un coup, la nuit comme le jour : le passage des bombes avec leur bourdonnement connu annonçant le danger ! ! ! Les moments deviennent de plus en plus critiques. En mars 1917, les soldats affluent; ils sont 10.000, dit-on, à Estrées; ils prennent l'église; la chapelle de l'hospice devient l'église, mais pas pour longtemps; la chapelle elle-même est requise et la maison regorge de troupes. Le Samedi Saint, 7 avril, l'ordre est donné à la population de se tenir prête à quitter Estrées. On attendit encore quatre longs jours interminables! le jour de Pâques, le lundi et le mardi. Ah! joyeux *Alleluia* de la Résurrection, qu'étiez-vous devenus? Enfin le mercredi 10, à 9 heures et demie, les infirmes furent déposés dans des charriots avec deux Sœurs; les autres, avec les quatre Sœurs de reste, durent aller à une halte établie au milieu des champs boueux où ils restèrent trois heures, sous la neige fondue, dans l'eau jusqu'aux genoux; ce ne fut qu'à midi qu'on les fit monter ou plutôt qu'on les hissa dans des wagons, sans vitre, à destination de Cantin; Cantin était distant d'un quart d'heure; on mit trois mortelles heures pour y arriver, et à chaque instant on croyait dérailler.

A Cantin, changement de voitures; hélas, même réembarquement, sinon pire; cette fois, dans des wagons à bestiaux. Deux religieuses étant descendues n'eurent plus le droit de remonter; les quatre autres durent partir avec vieux et vieilles, au nombre de 80, sans siège, bien entendu, entassés les uns sur les autres. Plusieurs n'avaient plus la force de sentir leur malaise. On fit la prière du soir comme on put et on attendit.

Nos voyageurs devaient arriver à destination à 5 heures du matin; à midi, ils étaient encore en voiture; à 1 heure, ils arrivaient à Romillies, en Belgique; avec eux il y avait près de 3.000 évacués des environs de Douai; trois heures encore, il fallut attendre son billet de logement. — Deux jours après, les hospitalisés d'Estrées étaient installés dans une belle villa au milieu d'un grand parc; il n'y manquait que le nécessaire, voire même le pain que les religieuses ont dû faire elles-mêmes par intervalles; et malgré toutes les attentions des Religieuses du Sacré-Cœur, leurs voisines, qui leur prêtaient tout, des matelas, des couvertures, des draps, du linge et tout ce qu'elles avaient, ils passèrent de bien vilains mois!

Et les deux Sœurs restées à Cantin, qu'étaient-elles devenues? C'était un souci ajouté aux autres. Un enfant de 13 ans, resté à Estrées, avec les Allemands, était devenu très souffrant et avait été conduit à l'hopital de Douai : de là à Roubaix, et enfin à Liège. Nos Sœurs étaient avec lui, et par lui et ses parents, les Sœurs purent avoir des nouvelles de leurs compagnes. — Le 11 juin, après mille démarches et prières, elles étaient réunies. On devine leur bonheur et leurs actions de grâces. — Les oubliées de Cantin n'avaient pas été trop malheureuses, à part la séparation !

Vers la fin d'août 1917, il était question qu'on rapatriait, et les religieuses ont demandé à en profiter. Le 8 septembre, elles eurent leur feuille de route; le 11, elles partaient avec leurs vieillards, et près de 500 autres, non sans peine, à travers la Forêt Noire; ils arrivent en Suisse, les voilà à Schaffouse... tout le monde descend. Toutes les autorités locales sont là, pour les recevoir, et après un vrai repos, suivi de la sieste facultative, ils sont conduits au casino où l'on donne un concert en leur honneur. Le consul de France est venu leur souhaiter la bienvenue : on chante la *Marseillaise*; tous sont debout et tête nue; les plus fatigués et les plus insensibles étaient émus. On sentait la France. — Le lendemain ils y étaient; c'était Évian-les-Bains, avec son site enchanteur, son hôtel des Alpes, et son casino. De là les vieillards sont dirigés sur diverses maisons de la Communauté, sous la conduite d'une sœur qui retournera d'ailleurs avec les autres, après avoir rempli sa mission.

Toutes les religieuses auraient bien voulu aller revoir Amiens, Bacouël. Mais le Comité des Rapatriés avait besoin d'aides, et il les pria de lui prêter leur concours. Elles allèrent d'abord à Monnetier (Haute-Savoie comme Évian) pour soigner des tuberculeux; la maison ayant été fermée cinq semaines après, par suite des eaux contaminées, les Sœurs, avec une trentaine d'enfants, furent conduites à Lyon où elles séjournèrent trois semaines. Enfin, au commencement de décembre 1917, elles allèrent, toujours sous le contrôle du même Comité, à la Croix-du-Calvaire (Var), sanatorium de Sylvabelle, sur les bords de la mer, où Mme Gillet-Motte, aidée de Dames généreuses et vaillantes, avait installé une colonie d'enfants et d'adolescents, de 1 à 18 ans, tous et toutes victimes de la guerre, et plus ou moins menacés de la tuberculose.

Les Sœurs y restèrent vingt mois, plus occupées que jamais à diverses œuvres de dévouement. Mère Saint-Sépulcre, la Supérieure d'Estrées, était aux poupons. Sœur Sainte-Cécile, son bras droit, aux jeunes gens; les autres Sœurs à différents services qui leur prenaient leurs jours et leurs nuits. M. Perroy, l'administrateur du Comité, écrivait de Monnetier, le 5 novembre 1917, à la Supérieure générale :

« Vous avez déjà appris par ma chère Sœur Saint-Sépulcre, que nous sommes obligés de fermer notre hospice de Monnetier, qui était cependant tout prêt depuis quelques jours seulement à recevoir de nouveau nos pauvres rapatriés déprimés. Demain nos chères bonnes Sœurs partent pour Lyon, où Mme Gillet doit les recevoir quelques jours avant de les envoyer au Calvaire.

« Je tiens à vous dire, ma Révérende Mère, avant de me séparer d'elles, combien, pendant ce peu de temps que nous avons en cette petite communauté dans notre hôpital, nous nous sommes loués, Mme Perroy et moi, du dévouement, de l'activité intelligente et des rapports agréables que nous avons eus avec chacune d'elles.

« Personnellement, je me réjouissais d'avance de la bonne marche assurée de l'hôpital, grâce à la présence de vos chères Sœurs, et les malades, les premiers, se félicitaient d'être confiés à leurs bons soins. Le bon Dieu en a décidé autrement; nous nous soumettons, mais le sacrifice de la séparation n'en est pas moins réel.

« Que ce témoignage de notre satisfaction complète et de nos sincères regrets soit pour elles le merci que nous leur adressons du fond du cœur. Je vous demande de le leur transmettre; venant de vous, il n'en aura que plus de prix.

« Veuillez agréer, ma Très Révérende Mère, l'expression de mes respectueux hommages. »

Mlle Decanis, l'infirmière-major de Sylvabelle, écrivait à son tour le 10 mars 1918 : « Laissez-moi, ma Révérende Mère, puisque j'ai l'occasion de vous adresser ces lignes, vous dire combien je vous suis reconnaissante de me faire bénéficier du concours si précieux de vos bonnes Sœurs. Elles nous ont tant aidés, d'abord dans le travail ingrat et dur de la préparation, et maintenant que nos petits enfants sont là, elles réussissent admirablement auprès d'eux, tout en continuant d'assurer une lourde partie du travail matériel qu'elles font avec autant de compétence que de dévouement. La tâche de tous est lourde actuellement, car nous nous débattons dans les difficultés d'organisation bien grandes et je me tourmente parfois de tant demander à tous. J'espère que nous sortirons de tout cela, et nous avons déjà la si grande consolation de voir tous nos enfants se transformer d'une façon vraiment extraordinaire, sous l'influence du climat et des bons soins.

« Puis-je espérer, ma Révérende Mère, que vous viendrez un jour visiter notre maison. Les Sœurs seraient si heureuses de vous voir, et nous-mêmes aurions le plus grand plaisir à vous connaître et à vous faire connaître notre maison.

« Je vous redis tous mes remerciements et l'expression de mes sentiments respectueux et bien distingués. »

Mme Gillet faisait mieux encore.

Le 21 janvier 1919, elle venait à Bacouël supplier la Supérieure de la Communauté de laisser nos Sœurs à Sylvabelle, et quelque temps après, tout en ayant perdu sa cause, elle envoyait une superbe chasuble à la Communauté.

Le 30 juillet, les Sœurs rentrèrent à Bacouël pour faire leur retraite. — Bacouël ne leur avait jamais paru si beau. C'était pour elles comme le Paradis terrestre.

A peine remises de leurs fatigues, elles furent envoyées ici et là, pour aider leurs compagnes : la moisson est grande, et les ouvrières sont trop peu nombreuses.

XII. — Conty (Somme).

Hospice Saint-Antoine.

C'est Mme la baronne Alphonse de l'Épine qui la première exprima le désir d'avoir un asile à Conty pour y abriter les pauvres du canton. Elle mourut avant d'avoir pu réaliser son désir, mais M. le Baron, qui partageait les sentiments de charité de Madame, prit l'œuvre à cœur et se mit au travail.

Sur son invitation, notre Mère fondatrice et ses deux aides se rendirent à Conty, et après une visite intéressée à Notre-Seigneur et à Saint Antoine dans son sanctuaire, elles se rendirent chez M. le Doyen, M, l'abbé Brunel, qui, malgré ses préférences sensibles pour une école maternelle, ne s'opposa point au projet d'un hospice. Nos Mères allèrent ensuite trouver M. le Maire, M. Leseigneur, qui les accueillit avec beaucoup de bienveillance.

Il fallait bâtir, il fallait donc tout d'abord un terrain et un terrain approprié. On en trouva un et un beau, on pourrait l'appeler providentiel. Il était situé sur la route de Fleury, en vue d'un bois, en dehors et cependant tout à côté de la ville, très spacieux, suffisant pour une grande maison avec ses dépendances et encore pour un jardin. Une partie appartenait à Mme Zéphir Payen qui, par un geste large et généreux, approuvé et même encouragé de M. Payen fils, le donna sans condition. L'autre partie fut vendue par M. Henri, M. Paul et Mlle Sophie Briois.

M. le baron de l'Épine prit lui-même l'initiative de la construction. Il ouvrit une souscription qui permit aux personnes charitables de faire leur offrande. M. Payen s'inscrivit pour 15.000 francs; M. Englard pour 15.000 francs; M. de Guillebon, M. de Berny, M. de Chatenay, M. Blin de Bourdon, Mme Daveluy, Mme Paulus, M. Lelièvre, Mgr le prince de Croy, M. Marseille, M. Failliot, chacun pour 1.000 francs. Les petites bourses souscrivirent aussi, à l'exemple de la veuve de l'Évangile.

M. le Baron promit de fournir, et fournit en effet, tout le nécessaire pour achever l'œuvre.

Les fondations furent commencées en juin 1895, sous la direction de M. Caron, architecte d'Amiens, et de M. Dulermez, entrepreneur à Conty. Le gros œuvre était terminé pour l'hiver 1896. Une bonne année avait suffi pour élever cette belle maison que nous admirons encore aujourd'hui.

L'hospice demandait d'être béni le plus tôt possible.

Mère Saint-Philippe, supérieure, hâta les préparatifs.

La date du 17 janvier 1897, fête de Saint Antoine, le grand patron de la paroisse, fut choisie par M. le Doyen et approuvée par les bienfaiteurs. On ne pouvait mieux choisir, étant donné qu'on voulait mettre l'hospice lui-même sous le vocable de Saint Antoine. Seule la saison pouvait ne pas paraître très favorable pour cette manifestation à laquelle les habitants de Conty et tout le canton voulaient prendre part. Par une permission du bon Dieu, le 17 fut une journée de printemps. Nous laissons la description de la fête à une plume autorisée.

Compte rendu de la Bénédiction de l'hospice Saint-Antoine, de Conty, 18 janvier 1897.

La gracieuse ville de Conty, remarquable déjà par son site agréable dans une vallée charmante, au pied d'une colline sur laquelle se dressait fièrement autrefois le château fort des seigneurs qui ont eu leurs jours de gloire, remarquable aussi par sa jolie et coquette église, où les foules de pieux pèlerins aiment à venir prier le grand Saint-Antoine, patron du pays, vient de s'embellir encore par la construction d'un magnifique hospice, destiné à recevoir les vieillards de tout le canton. La pensée de cette importante fondation est due à Mme Alphonse de l'Épine, trop tôt ravie à l'affection de sa famille et à l'admiration de toute la contrée, il y a deux ans, et dont le nom gravé sur le marbre, dans la nouvelle chapelle, rappellera aux générations futures une généreuse bienfaitrice.

Monsieur le Baron voulut exécuter le pieux dessein de sa chère épouse et, après sa mort, se mit résolument à l'œuvre.

Rien ne put rebuter son zèle et lasser sa générosité. Il trouva des auxiliaires puissants et généreux qui l'aidèrent à mener à bonne fin sa noble entreprise, heureux d'ailleurs d'ajouter ce grand bienfait à tous les services que, comme conseiller général, il rend chaque jour au canton tout entier.

Après l'acquisition d'un vaste terrain, dans un endroit très bien situé à Conty, les travaux de construction furent confié à un habile et dévoué architecte, M. Caron, d'Amiens, qui s'acquitta de sa tâche avec un dévouement et une intelligence au-dessus de tout éloge.

Rarement on vit un hospice plus commode pour les divers services, mieux aménagé, avec une étonnante simplicité, jointe pourtant à tout le confortable nécessaire. La direction de l'établissement a été confiée aux actives religieuses de Notre-Dame des Sept-Douleurs, qui possèdent déjà plusieurs hospices dans le diocèse d'Amiens. Le dévouement et l'abnégation de ces pieuses servantes de Dieu et des pauvres sont un sûr garant de la future prospérité de l'hospice de Conty, où il y a déjà une vingtaine de pensionnaires, venus des divers pays environnants.

La cérémonie de la bénédiction et de l'inauguration du nouvel hospice fut faite lundi dernier, 18 janvier, à 1 heure et demie de l'après-midi.

Tous les prêtres du canton étaient là, désireux de donner au fondateur et aux bienfaiteurs un témoignage éclatant de leur gratitude pleine d'admiration. La population de Conty voulut faire une démonstration vraiment enthousiaste.

La musique prêta bien volontiers son gracieux concours. Le conseil municipal, M. Leseigneur, maire, et M. Pecquet, adjoint, en tête, avaient eu à cœur de se faire, par leur présence, à l'égard de M. le baron A. de l'Épine, des donateurs et des bienfaiteurs, les interprètes de la gratitude universelle pour le grand bienfait accordé à la ville et à la région. De tous les pays d'alentour on était accouru pour assister à cette fête éminemment populaire.

Bien avant l'heure, l'église est comble. Le clergé fait son entrée solennelle, tandis que l'orgue, tenu par M. Lelièvre, joue une marche triomphale. Nous remarquons tous les curés du canton, M. le chanoine Estienne, supérieur des Sœurs de Notre-Dame des Sept-Douleurs, M. le chanoine Vitasse, le R. P. Ricbourg et M. l'abbé Damerval.

M. l'abbé Brunel, doyen de Conty, préside la cérémonie. Après plusieurs morceaux brillamment enlevés par la musique et le chant de l'hymne à Saint Antoine, suivi du *Magnificat*, M. le Doyen monte en chaire. Malgré une fatigue extrême, il tient à épancher son cœur devant son immense auditoire. Prenant pour texte les paroles de Saint Paul : la charité ne meurt pas : *charitas nunquam excidit*, il s'efforce de montrer l'origine, les moyens d'action et le but du nouvel hospice, placé sous le puissant patronage de Saint Antoine. Avec une grande simplicité, il proclame hautement l'excellence de cet établissement qu'on aurait pu croire inutile à Conty, et il paie un légitime tribut de la reconnaissance publique au noble fondateur et à tous les bienfaiteurs. Il engage les fidèles à seconder par leurs largesses le dévouement des religieuses, prêtes à prodiguer leurs soins aux vieillards, qui trouveront dans le nouvel établissement, non seulement l'assistance matérielle, mais encore les secours spirituels, qui leur permettront d'achever tranquillement et saintement leur pèlerinage sur cette terre et de se préparer au ciel. En terminant, M. le Doyen insiste pour qu'on donne largement aux charmantes quêteuses qui vont tendre la main en faveur des vieillards assistés, et parmi lesquels nous remarquons Mlle Marie-Thérèse de l'Épine et Mlle Toulet, petite-fille de M. le Maire.

Après le sermon, la procession se dirige vers l'hospice. De l'église à l'établissement la rue est remplie d'une foule recueillie et profondément respectueuse. Des mâts plantés de distance en distance laissent flotter au gré du vent les plis du drapeau national. De verdoyants sapins charment les regards et redisent l'empressement de la municipalité à donner à la fête tout l'éclat possible. Près de M. le Maire et de M. le Président du Conseil de Fabrique, qui forment escorte à M. le baron de l'Épine, marche le digne fils de M. le Conseiller général du canton, M. le baron Ferdinand de l'Épine. La musique se fait entendre à plusieurs reprises et à la satisfaction générale. La bénédiction a lieu selon les rites prescrits. La foule immense qui attend la fin des prières liturgiques, envahit bientôt tous les appartements du nouvel hôpital, qui sont vraiment installés magnifiquement. Le cortège sacré rentre à l'église, et la bénédiction du Très Saint Sacrement termine cette belle fête qui laissera au cœur de la population de Conty, d'impérissables souvenirs.

Le principal était fait, mais nous l'avons déjà dit, un hospice n'est jamais fini. Il n'y avait pas de dépendances convenables; en août 1900, on construisit les locaux nécessaires à une basse-cour; on y ajouta quelques remises et un atelier où pourraient travailler un peu les vieillards qui avaient un métier.

Jusque-là on avait fait la lessive dans le sous-sol, ce n'était pas l'idéal, et on songeait à faire une buanderie; on en profiterait pour aménager une salle de bains, une salle de couture et de repassage; au-dessus on ferait quatre chambres pour pensionnaires. M. Dulermez, notre entrepreneur dévoué, fit un plan; il en fit un second plus important, puis un troisième plus grand encore, qui fut enfin approuvé par notre Mère Marie-Marthe et qui nous valut les belles constructions qui servent de buanderie, de séchoir, de salle de bains, de salle de couture, plus quatre belles chambres rêvées par Mère Sainte-Agonie, la Directrice d'alors, qui avait insisté auprès de la Mère Générale et avait sollicité la générosité de nombreux bienfaiteurs anciens et nouveaux, car tout cela coûte relativement cher. Mais ces nouveaux locaux reliés au rez-de-chaussée et au premier du principal corps de bâtiments lui fait une petite aile à gauche qui, avec l'aile de droite servant de cuisine, complète l'extérieur de la maison, et lui donne encore davantage l'aspect d'un petit château à la physionomie accueillante.

Les travaux durèrent un an, de mai 1905 à mai 1906.

La salle de couture fut heureusement inaugurée par une retraite de première Communion. Pendant trois jours elle fut un sanctuaire consacré à la prière et aux autres exercices spirituels. M. le Doyen, M. Simon, l'avait béni, et il avait voulu offrir lui-même le Christ qui l'orne toujours et préside aux travaux de nos Sœurs et des pensionnaires qui veulent bien les aider.

Un hospice, quand il est censé fini, n'est jamais assez grand.

Une maison voisine fut à vendre par suite de la mort du Dr Léméré.

Le Supérieur de la Communauté, M. Cauet, pensa qu'elle pourrait être utile à l'hospice, c'était d'ailleurs l'intention du dévoué docteur qui voulait rendre ce dernier service. M. Cauet l'acheta avec l'intention de la louer aux bonnes Sœurs. Ce contrat fut signé le 21 juillet 1912. Et la maison devint bientôt un gentil petit pavillon dénommé pavillon Saint-Jules, par une attention délicate des religieuses, où les places devinrent bientôt trop peu nombreuses en raison des demandes. En 1915, on y ajouta trois chambres qu'on aménagea dans les remises.

Mais avant l'achat de la maison Léméré on avait bâti une belle chapelle.

Les comptes rendus qui ont été faits de la double cérémonie de la bénédiction de la première pierre et de la bénédiction de la chapelle elle-même seront plus éloquents que tout ce que nous pourrions dire.

† Compte rendu de la Bénédiction de la première pierre de la Chapelle de l'Hospice Saint-Antoine de Conty (19 juin 1910).

Le dimanche 19 juin, l'hospice et la paroisse de Conty étaient en fête : il s'agissait de bénir la première pierre d'une chapelle qu'on attend depuis treize ans.

La cérémonie eut lieu sous la présidence de M. le vicaire général Cadot, délégué par Sa Grandeur, Mgr l'évêque d'Amiens. Sous l'intelligente direction de M. le chanoine Cauet, supérieur des religieuses de Notre-Dame des Sept-Douleurs et de Sainte-Marthe, les préparatifs avaient été habilement menés, et l'entrée de l'hospice, ainsi que l'emplacement de la nouvelle chapelle, présentaient un magnifique aspect, grâce aux fines décorations que les religieuses, avec des soins minutieux, une habileté rare et une activité inlassable avaient préparées, et qui formaient comme un temple merveilleux resplendissant des lumières d'un soleil d'or, et magnifiquement couronnées par la voûte des cieux dans son azur le plus limpide.

Les Vêpres furent chantées à l'église, et, après le *Magnificat*, M. le Doyen de Conty, retraçant quelques scènes de l'Ancien et du Nouveau Testament, donna à la pierre un langage en rapport avec les circonstances et en dégagea des leçons utiles pour rappeler la majesté du lieu saint et pour contribuer à la sanctification des âmes.

Après le sermon religieusement écouté, la procession s'organisa. Elle était composée des enfants, de la plupart des jeunes filles du pays qui avaient tenu à honneur de répondre à une invitation personnelle, heureuses de donner une marque de sympathie et d'encouragement aux religieuses dévouées qui se dépensent avec tant d'industrie et de persévérance au soulagement des vieillards et des infirmes de la région. Le cortège est imposant. Un grand nombre de bannières et d'étendards déploient, aux rayons d'un soleil fait exprès pour cette fête, la richesse et la variété de leurs sujets. Des jeunes filles portent sur d'élégants coussins de petites pierres qui semblent être les compagnes de choix de la pierre principale et lui font un cortège d'honneur.

Mais voici la première pierre avec sa dignité et les secrets qu'elle renferme : elle est portée par 16 vieillards, heureux de prêter leurs mains tremblantes à ce poids glorieux. Placée sur un brancard orné de pourpre et d'or, elle est précédée des ouvriers qui sont fiers de l'œuvre déjà commencée et qui tiennent sur des coussins préparés à cet effet les instruments qui serviront à sceller la pierre. La fanfare, la *Fraternelle* de Conty, la salue de ses joyeux accents. Toute une légion de religieuses députées des différentes maisons, et ayant à sa tête la Révérende Mère supérieure générale, est heureuse de former une escorte pieuse autour de ce symbole rappelant le divin Maître qui a voulu être appelé la pierre angulaire ! Le chœur des chantres déployant ses hymnes et ses psaumes, les prêtres du doyenné encadrant M. le Vicaire général et M. le Supérieur de la Communauté, y joignent leurs voix et leurs prières; les notabilités suivent et la foule s'allonge entraînée et charmée dans ce délicieux cortège.

La procession s'est arrêtée sur l'emplacement de la chapelle; la Supérieure de la maison se multiplie pour être partout et à tous, et désigne aux différents groupes la place qu'ils doivent occuper; les vieillards se sont arrêtés et ont déposé leur glorieux fardeau; l'étui qui renferme le parchemin sur lequel la main habile d'une religieuse a finement gravé les dates et les souvenirs, et où les personnages principaux ont inscrit leurs noms qui sans doute traverseront les siècles, a été placé dans la pierre, avant qu'elle ne soit scellée. M. le vicaire général Cadot, dans des accents inspirés et des expressions comme savent en faire surgir le cœur et le génie de l'éloquence, redit le rôle de cette pierre, les espérances qu'elle donne, les consolations qu'elle appelle, les enseignements qu'elle laisse aux vieillards, les sentiments de piété et de force surnaturelle qu'elle inspire aux religieuses et les leçons qu'elle révèle à tous; puis M. le Supérieur bénit la pierre, ayant à ses côtés M. Douillet, l'ingénieux, désintéressé et pieux architecte, M. Dulermez, entrepreneur, et les ouvriers qui, ayant été à la peine, se trouvaient à l'honneur. M. le baron de l'Épine, comme un habile ouvrier, ouvrier de charité et du dévouement, ouvrier de la bienfaisance et des bonnes œuvres, ouvrier de la défense du droit et de la justice, scelle la pierre, cependant que les infatigables musiciens essaient de la faire parler une dernière fois, *lapides clamabunt*, et que de charmantes quêteuses passent dans les rangs, tendant leurs gracieuses aumônières pour permettre à toutes les bonnes volontés de contribuer à l'achèvement du saint édifice. Il y a lieu d'espérer que leur appel aura été entendu, et que dans quelques mois on pourra recommencer une nouvelle cérémonie en chantant dans la chapelle achevée le *Lauda Jerusalem* et l'hymne d'actions de grâces.

La première pierre de cette chapelle a été posée dans le mur du sanctuaire du côté de l'Évangile; elle est marquée d'une Croix qui présente cette forme :

Au centre de la pierre a été placée une boîte en cuivre bien scellée qui contient plusieurs pièces d'argent de l'époque, et, écrit sur parchemin le procès-verbal suivant :

« Sous le Pontificat de notre Saint Père le Pape Pie X, en présence de Monsieur le chanoine Alfred Cadot, vicaire général, originaire de Conty, délégué de Monseigneur Jean-Marie-Léon Dizien, évêque d'Amiens.

« La première pierre de cette chapelle a été bénie le dix-neuf juin mil neuf cent dix, par Monsieur l'abbé Jules Cauet, chanoine de Notre-Dame d'Amiens, supérieur de la Communauté des religieuses de Notre-Dame des Sept-Douleurs et de Sainte Marthe,

« et posée par M. le baron Alphonse de l'Épine, conseiller général de la Somme. Notre Mère Marie-Joseph, étant Supérieure générale. Mère Marie de la Sainte-Agonie, Supérieure de l'Hospice. M. le chanoine Henri Simon, curé-doyen de Conty. M. Edgar Caron, conseiller d'arrondissement, Maire. M. Edmond Douillet, architecte de la chapelle. M. Auguste Dulermez, entrepreneur, lesquels ont signé le présent procès-verbal déposé dans la pierre.

« Conty, dix-neuf juin mil neuf cent dix. »

Compte rendu de la Bénédiction de la Chapelle de l'Hospice de Saint-Antoine de Conty (22 octobre 1911).

Par la splendide démonstration de dimanche dernier, Conty mérite une place à l'ordre du jour diocésain. Longtemps encore on parlera de cette belle journée dont nous allons tâcher de fixer le souvenir aux pages de la « Semaine Religieuse », pour la gloire des habitants de la coquette cité, pour l'honneur de son intelligent et dévoué pasteur, pour la récompense de tous ceux qui, à un titre quelconque, ont travaillé à l'édification de la nouvelle chapelle de l'hospice Saint-Antoine que Mgr l'Évêque d'Amiens venait solennellement bénir.

Disons tout de suite qu'elle est délicieuse, cette chapelle qui prolonge très heureusement le vestibule d'entrée entre le corps de bâtiment destiné aux hommes et celui destiné aux femmes. Architecture et décorations, autels et vitraux, tout y est beau. Le maître-autel en marbre blanc fut autrefois celui de la chapelle de Congrégation du petit séminaire de Saint-Riquier.

M. le chanoine Cauet ne le rappelle point sans pleurer.

Nous sommes heureux de reproduire ici une critique d'artiste de ce bijou d'art :

La chapelle de l'hospice, sous le vocable du Sacré-Cœur — splendidement croqué dans la verrière centrale — est due au talent de l'éminent architecte, M. Edmond Douillet. L'entreprise en fut confiée à M. Dulermez.

Dans ses détails, comme dans son ensemble, ce joyau architectural porte bien la signature du maître dont la main traça les plans de la ravissante église du Sacré-Cœur d'Amiens et de la majestueuse église Jeanne-d'Arc, au faubourg de Beauvais. La sobriété des lignes architecturales, l'harmonie des proportions, la logique des formes concourent à la plus séduisante vision artistique.

Due à la générosité des bienfaiteurs de l'hospice de Conty, la nouvelle chapelle s'élève dans l'axe du bâtiment principal. Elle est précédée d'un vestibule très large, sorte d'atrium qui amplifie fort heureusement ses dimensions lors des cérémonies, motivant, comme celle de dimanche, un grand concours de fidèles.

Son plan adopte la forme de la Croix latine, les bras constituant le transept et la nef. Dans le fond a été ménagée une tribune, facilitant aux infirmes l'accès de la chapelle.

C'est à l'architecture romane que M. Douillet a demandé son inspiration, mais il a fait œuvre essentiellement personnelle. Les profils et les moindres détails, tant à l'intérieur qu'à l'extérieur, ont été étudiés avec la compétence, le goût et la conscience qui sont les caractéristiques du maître de l'œuvre. La sculpture très sobre a été habilement traitée par M. Lotiquet, un chrétien qui, entre temps, faisait son chemin de Croix.

La lumière arrive tamisée par des vitraux dus à M. Gaudin, le talentueux peintre-verrier attitré de Grasset. Ils représentent : au centre, le Christ, escorté à droite et à gauche, par les figures de saint Antoine, patron de l'hospice, et de saint Jules sous les traits d'une frappante ressemblance du très distingué supérieur de la Communauté, M. le Chanoine Cauet.

Les verrières du transept évoquent saint Joseph et Notre-Dame des Sept-Douleurs. Les fenêtres de la nef sont occupées par les figures de sainte Marthe, de saint Jean, de sainte Thérèse et une fort belle traduction de l'Agonie. Elles portent le nom de leur donateur. L'ensemble se complète de grisailles d'un art très nouveau.

Le maître-autel, restauré par M. Moriamé, a repris son aspect des anciens jours, enrichi d'une porte de tabernacle martelée par Adolphe Gaudefroy. Mais l'œuvre capitale du maître ferronnier amiénois, dans la chapelle de Conty, est l'exécution d'un autel de cuivre martelé, don d'un insigne bienfaiteur de l'hospice chez qui la charité n'a d'égale que la modestie : nous avons nommé M. Jules Payen.

Exécuté sur les dessins de M. Pierre Ansart, cet autel rappelle dans ses grandes lignes celui de saint Crescent, que le même artiste composa jadis pour Saint-Riquier; il en diffère complètement dans ses détails. C'est, avec le tombeau et l'arcosolium, l'autel antique, tel qu'il se reconnaît dans les Catacombes de Rome, mais exécuté à l'incomparable manière des orfèvres du XIIe siècle.

L'architecture de la chapelle se décore de motifs empruntés aux maîtres primitifs. Cette très intéressante partie fut exécutée par M. Alcide Sire, peintre décorateur, qui collabora jadis avec son maître, M. Martin, à la décoration de la basilique d'Albert. La direction de ce travail qui se borne quant à présent au sanctuaire est confiée par M. Douillet à M. Pierre Ansart.

De chaque côté du transept, deux figures attirent particulièrement les regards; ce sont celles de Notre-Dame des Sept-Douleurs et de sainte Marthe. Exécutées en mosaïques d'émail avec rehauts d'or, suivant la tradition byzantine, elles s'harmonisent admirablement avec la décoration du sanctuaire dont elles sont le complément.

Le dessin de ces figures est dû au pinceau de M. Gérard Ansart; il a, comme son père, du sang des Duthoit dans les veines.

Il règne dans la chapelle de Conty une atmosphère de mystère invitant au recueillement et à la prière. Dès l'entrée, les regards sont attirés sur le sanctuaire, vers lequel semblent processionnellement s'avancer les figures des verrières.

D'un séduisant aspect est l'extérieur de l'édifice où la brique se marie heureusement à la pierre, offrant aux yeux charmés une silhouette dont s'enrichit notre trésor d'art diocésain.

***

La Communauté des religieuses de Conty réunissait à midi ses invités à un déjeuner tout de cordialité, où rien ne manqua, pas même le dessert d'une charmante poésie. M. Duvelle, un grand ami de M. Payen, nous excusera si nous faisons savoir à tous la façon exquise dont il célébra la nouvelle chapelle.

Du séjour bienheureux si nous étions les anges,
Ailés d'azur et d'or, à l'argentine voix,
Nous pourrions dignement adresser nos louanges
Aux hommes de grand cœur, aux bienfaiteurs de choix,
Très heureux d'élever ce nouveau sanctuaire,
Élancé, bien central, avec jolis arceaux.

Combien vous béniront en cette dédicace !
Les plus intéressés, ces résignés vieillards,
A qui la Providence assigne ici leur place,
Abaissant sur eux tous ses bienveillants regards.

Rejailliront aussi le mérite et la gloire
Sur le pays lui-même et toute la cité,
Car ses murs garderont la fidèle mémoire
De vos actes de foi, d'utile char'té !

En élevant à Dieu l'élégante chapelle
De cet asile saint le fier couronnement,
Vous l'avez faite ainsi plus complète et plus belle;
Conty resplendira d'un très beau monument.

Monseigneur va bénir ces magnifiques pierres
Où seront consolés tant de cœurs malheureux;
Il s'en exhalera de ferventes prières,
Et beaucoup s'y croiront dans le parvis des cieux !

Il est 2 heures. Toute crainte de pluie semble bannie, et les oriflammes et drapeaux, que l'on a suspendus partout dans la cour d'entrée de l'hôpital, flottent au vent avec de la confiance et de la joie dans leurs plis. Les cloches sonnent à toutes volées à l'église paroissiale où se forme le cortège qui doit aller au-devant de sa Grandeur. M. Lelièvre avait eu la délicate attention de venir prendre lui-même à Amiens, dans son automobile, Monseigneur et M. le vicaire général Cadot. A la minute dite, l'auto stoppe à la porte de la maison hospitalière de M. Payen, où Monseigneur revêt ses ornements pontificaux.

Quand Sa Grandeur a pris place sous le dais, M. l'abbé Haumesser, curé-doyen de Conty, traduit les sentiments en termes particulièrement heureux et délicats.

Monseigneur,

« C'est pour la première fois qu'il m'est donné d'être l'interprète de la joie de cette chère paroisse confiée avec tant de bonté à ma sollicitude par votre haute et extrême bienveillance.

« Il m'est donc très doux de présenter à Votre Grandeur nos plus respectueux et nos plus affectueux souhaits de bienvenue.

« D'un seul élan, Conty tout entier s'est porté aujourd'hui à votre rencontre. C'est que la ville et l'hospice, Monseigneur, battent à l'unisson des mêmes sentiments. Tous les deux n'ont qu'une seule âme et qu'un seul cœur pour témoigner leur profonde reconnaissance au Père très aimé qui vient les visiter.

« Cette unanimité et cette spontanéité sont la meilleure preuve des excellents rapports qui existent entre la grande famille paroissiale et le petit troupeau de la maison hospitalière de Saint-Antoine.

« Tous, Monseigneur, nous attachons d'autant plus de prix à votre aimable visite que nous savons la devoir uniquement à la pure bonté de votre cœur. Aucun autre témoignage de sympathie ne pouvait nous réjouir davantage les uns et les autres.

« Dans quelques mois, la paroisse sera heureuse de vous revoir pour le sacrement qui fera de ses enfants des soldats de Jésus-Christ; aujourd'hui Votre Grandeur met le comble au bonheur des Sœurs de Notre-Dame des Sept-Douleurs et des vieillards de l'hospice Saint-Antoine, en venant bénir leur chapelle tant désirée, si nécessaire et si belle.

« Votre bénédiction, Monseigneur, la rendra tout à l'heure au culte public. Ainsi seront réalisés bien des vœux, exaucées bien des prières, et récompensés bien des dévouements.

« Ce sera le couronnement de cette magnifique journée. Conty en conservera le plus précieux et le plus reconnaissant souvenir. »

Monseigneur répond à M. le Doyen que si la visite de ce jour n'est pas tout à fait pour la paroisse, il n'en est pas moins heureux d'apporter à M. le Doyen ses souhaits de fécond ministère dans un pays où M. Haumesser a immédiatement rencontré la confiance et l'affection que Conty avait données à son prédécesseur.

Sa Grandeur n'ignore rien des efforts et du zèle de M. le Doyen. Elle lui dit ses félicitations et ses encouragements. Monseigneur n'a pas oublié le panégyrique de saint Firmin où, dit-il, « quand vous retraciez les merveilles opérées par l'apôtre, il n'était pas difficile de vous reconnaître vous-même ». Et l'évêque remercie le panégyriste et les paroissiens de Conty où fidèles et pasteur se comprennent si bien : une voix aussi chère qu'autorisée le dira sans doute, tout à l'heure, quand elle expliquera le sens de cette cérémonie.

La procession se met alors en marche, tandis que la fanfare, *La Fraternelle* de Conty, sous l'habile direction de son chef, M. Warmé, et de son sous-chef, M. Collignon, joue les plus beaux morceaux de son répertoire, mêlés au chant liturgique des psaumes.

Les divers groupes du cortège sont on ne peut mieux composés : bannière de Saint-Antoine; statue de l'Enfant-Jésus, bannière de Saint-Joseph, groupe et étendard de la Bienheureuse Jeanne d'Arc; la Foi, l'Espérance et la Charité; bannière de Notre-Dame du Saint-Rosaire; statue de la Sainte Vierge;

bannière de Sainte-Catherine; groupe de la Sainte-Famille; bannière de Sainte-Marthe.

Madame la Supérieure générale de Notre-Dame des Sept-Douleurs et de Sainte-Marthe préside un groupe important de ses filles : postulantes, novices et religieuses.

Des jeunes gens portent la croix, les chandeliers, les canons d'autel, le missel, les burettes, l'encensoir et la sonnette de la nouvelle chapelle. Rarement on voit pareil chœur de chantres et de chapiers; aux douze chantres, tous du pays, s'ajoutent encore MM. les Curés du canton et quelques prêtres invités; entr'autres, M. le chanoine Rambour; M. le chanoine Simon, doyen du Saint-Sépulcre d'Abbeville; M. l'abbé Legris, professeur d'Écriture Sainte au séminaire Saint-Sulpice; le R. P. Vaccon; M. l'abbé Brandicourt; M. l'abbé Vaquez, etc. M. le Doyen préside en chape d'or.

M. l'abbé Jolly s'acquitte fort bien de ses fonctions de maître des cérémonies.

Au premier rang des assistants on est heureux de distinguer M. le baron de l'Épine, conseiller général, M. Ferdinand son fils, M. Robert son petit-fils, et Mme Robert.

Remarqués aussi M. Leseigneur, ancien maire de Conty; M. et Mme Marseille Béguin de Fleury, et beaucoup d'autres notabilités.

Le dais est porté par MM. Fléchelle, Griffoin, Ch. Dubois et Florent Tournay. Les cordons sont tenus par M. Jules Pecquet, adjoint au maire, M. Émile Pecquet, châtelain de Luzières, M. Lelièvre, M. Paul Briois.

La vieille et riche église de Conty ouvre larges ses portes à cette foule; elle est parée comme aux plus grands jours. On chante l'antienne au glorieux patron, le *Magnificat*, le cantique à l'Esprit-Saint, et M. le vicaire général Cadot monte en chaire. Quel péché que de résumer un tel discours ! Et il nous faut le commettre. Du moins voudrions-nous ne pas trop en déflorer la trame et les principales idées.

« On dit quelquefois : A quoi sert la Religion? Vous parlez « toujours de l'Église ! l'Église ! quelle est son utilité pratique « pour nous, dans notre vie? quels services réels, tangibles, « humains nous a-t-elle rendus et peut-elle nous rendre?

« Sans doute, elle a une fonction morale, un ministère d'ordre « spirituel : elle a des temples où elle organise des cérémonies « touchantes; elle baptise les enfants, marie les adultes, endort « les mourants dans la prière et l'espérance. Pour nous conso- « ler de nos peines, elle nous montre un monde meilleur. Oui, « mais en attendant, il faut vivre. En attendant d'être au ciel, « nous sommes sur la terre. Et elle est rude et âpre la terre. « On a du mal à lui arracher son morceau de pain. On a du « mal quand on est jeune. On a encore plus de mal quand on « est vieux. Qu'est-ce que la Religion, qu'est-ce que l'Église « peut faire? Qu'est-ce qu'elle a fait à cela? »

Telle est la question à laquelle M. le Vicaire général va répondre, non sans avoir au préalable, fait ressortir que le décalogue et le pur évangile bien observés, alors qu'ils ne paraissent que des codes de morale, auraient et ont déjà leur répercussion dans le bonheur, même temporel de l'homme, ce dont ne peuvent se flatter ni la science, ni la politique, cette dernière surtout, « n'ayant jamais fait autre chose que de nous aigrir, nous diviser et nous épuiser ».

M. le Vicaire général trace alors une belle page d'apologétique, dans laquelle il nous montre ce que l'Église a fait, à travers les siècles, pour les laboureurs d'abord. Il évoque la figure des moines défricheurs. « Il est vrai, ajoute-t-il, qu'il « sont bien récompensés. Quand tout est fini, que tout est « beau. L'État moderne arrive et dit : Vous, qui êtes-vous? « Je ne vous connais pas. Tous ces biens sont à moi. C'est à « vous de partir. Partez... et vite. Et ceux qui ont fait de « leurs mains la terre de la patrie, ne connaissent plus de la « patrie, que celle de l'exil. »

Ce qu'a fait l'Église pour les artisans dans l'organisation admirable de corporations du Moyen-âge; pour la liberté individuelle dans l'affranchissement des communes; pour les pauvres, les déshérités, les sans-pain, les sans-abri. Mais pourquoi s'attarder au passé quand le présent ne fait qu'en continuer les traditions? Et ici, M. le Vicaire général résume les annales des religieuses hospitalières de Notre-Dame des Sept-Douleurs. « Je me souviens toujours d'avoir assisté, « jeune prêtre, à la naissance de cette congrégation qui fait

« œuvre de charité et de vie. Elles étaient trois, alors, seule-
« ment; à peine une famille... presque un humble ménage de
« la rue de l'*Aventure*. Mais l'aventure était bonne. Visible-
« ment l'esprit de Dieu soufflait sur elles et enflait la voile.
« Aujourd'hui, les trois sont devenues plus de deux cents. La
« petite maison a débordé, essaimé de toutes parts. Elle
« comprend 19 communautés réparties dans tout le Nord de
« la France, dans le diocèse de Paris, dans la Seine-Inférieure,
« le Nord, le Pas-de-Calais et jusqu'en Belgique. Près de
« 1.500 personnes y trouvent leur abri et leur paix. »

A cette œuvre, Monseigneur apporta une haute marque de bienveillance et une force précieuse. L'héroïsme de la religieuse a son secret dans l'Eucharistie... et à l'Eucharistie, il fallait une chapelle...

M. le Vicaire général termine par quelques mots émus qui ont tiré plus d'une larme.

« Je suis l'enfant de cette terre et le fils de cette église. Le
« meilleur des années passées est là. J'ai grandi à l'ombre de
« ce clocher. J'ai été baptisé sur ces fonts. J'ai appris mon
« latin sur ces bancs et sous les regards du plus vénérable
« des prêtres. J'ai prié souvent à genoux aux pieds de ces
« chers autels. J'ai fait ma première Communion dans ce
« sanctuaire. J'y ai dit plus tard ma première messe. Puis-je
« taire ces souvenirs en un jour pareil où je reviens ici, tout
« près de vous, Monseigneur ! et puisque c'est votre volonté
« qui a fait cela, qui a rapproché étroitement ma vie de la
« vôtre, ne puis-je espérer que c'est là pour mon cœur un droit
« d'incliner le vôtre dans une bénédiction plus paternelle
« et plus douce sur cette terre qui est mienne, qui a mon
« berceau et qui aura ma tombe. »

Monseigneur donne alors sa bénédiction solennelle, et le cortège se reforme pour se diriger vers l'hospice. Les rites liturgiques de la bénédiction achevés, M. le chanoine Cauet, supérieur ecclésiastique de la Congrégation, lit à Monseigneur cette adresse, pleine de délicatesse et de cœur.

Monseigneur,

« J'ai la douce charge de vous adresser le merci de tous et de chacun pour le grand honneur que vous nous faites en ce jour.

« Vous venez de bénir notre belle chapelle. Nous qui l'avons vue s'élever, j'allais dire s'épanouir, nous avons pu en suivre le développement et l'admirer en détail. Chacune de nos visites était une jouissance, parce qu'elle nous révélait quelque secret de l'art. Il n'a pas fallu longtemps, j'en suis sûr, à vos yeux faits aux belles choses, à votre goût exercé, pour apprécier l'édifice, comme il mérite de l'être. Il n'y manquait qu'un rayon de soleil. Il est venu, contre toute prévision, faire tout miroiter, tout égayer, exaucer des prières, combien ferventes, et récompenser des préparatifs et un dévouement de jour et de nuit !...

« Connaissant l'éminent architecte qui a bien voulu s'en charger et le collaborateur intelligent qu'il a choisi pour la partie décorative, vous attendiez beaucoup : je suis persuadé que votre attente n'a pas été déçue. M. Douillet y a mis non seulement son talent d'artiste, mais son cœur de grand chrétien. M. Ansart y a apporté, avec son goût affiné, son âme passionnée pour l'art, et tous deux nous ont fait un véritable chef-d'œuvre. Il convient de dire qu'ils ont été aidés, dans ce travail, par un entrepreneur dévoué qui, hélas ! a été à la peine sans être à l'honneur, et par des ouvriers dociles dont les efforts combinés ont réalisé cette petite merveille, devant laquelle ils s'extasient eux-mêmes.

« Mais, Monseigneur, ces murs, si beaux qu'ils soient, ces remarquables vitraux dont les personnages vivants attirent nos regards ravis, et ne demandent qu'à s'agenouiller, ces décors magnifiques ne sont pas tout; ils ne seraient même rien pour le but poursuivi si, avant d'accueillir l'Hôte divin qu'ils vont abriter, ils n'avaient pas reçu une bénédiction particulière. C'est cette bénédiction qui vient de leur être donnée, et vous avez bien voulu venir la donner vous-même, Monseigneur, pour témoigner ainsi de votre sympathie pour la paroisse de Conty qui vous a donné un vicaire général, et un vicaire général éloquent, nous l'avons constaté une fois de plus tout à l'heure. — Nos larmes sont à peine séchées — pour témoigner de votre attention pour ceux que j'appellerai les doyens de Conty, le doyen d'hier qui, entre autres regrets, emporta celui de n'avoir pas vu terminée une chapelle dont il avait salué la première pierre avec tant de bonheur; le doyen d'aujourd'hui qui, entre autres consolations, a celle de recevoir de son évêque une nouvelle preuve de confiance qui s'ajoute à tant d'autres, auxquelles nous applaudissons de tout cœur — pour témoigner de notre reconnaissance envers les généreux bienfaiteurs, grands et petits, connus et inconnus, *Baron* et gens ordinaires, *Payen* et chrétiens, *Capitaine* et simples soldats, qui tous ont voulu apporter leur offrande, faire leur *Cadeau* et contribuer, chacun selon ses moyens, à l'édification de ce sanctuaire (1) — pour témoigner de votre admiration pour les artistes chrétiens qui ont le droit d'être fiers de leur œuvre — de votre intérêt pour l'hospice de Conty, pour les vieillards qui l'habitent, pour les religieuses qui les entourent de leurs soins, pour la Communauté tout entière.

« Cette chapelle, Monseigneur, non seulement vous l'avez autorisée et encouragée, mais vous avez voulu l'enrichir et la doter. L'autel qui est là était vôtre, et pour la grande majorité des prêtres du diocèse d'Amiens, il constituait une relique que chacun aurait voulu posséder, chacun étant venu, au temps de son petit séminaire, dans ces réunions intimes de la Congrégation, s'agenouiller, prier, chanter, méditer devant cet autel, confier à Dieu et à la Vierge ce qu'il avait de meilleur dans le cœur, son rêve d'être un jour son ministre, si telle était la volonté du Seigneur. Vous comprenez mon émotion, et vous me pardonnerez de m'attarder devant cette épave trois fois sacrée qui me rappelle tant de souvenirs — trente deux années de ma vie — et qui double à nos yeux votre générosité à l'égard de l'hospice de Conty.

« C'est un beau jour pour les vieillards, Monseigneur; ils n'oublieront pas votre paternelle condescendance; elle sera écrite en lettres d'or sur un marbre qui la redira à ceux

(1) L'assistance sourit discrètement à cette spirituelle façon de rappeler les bienfaiteurs à la pensée de tous.

qui viendront après nous. Bénissez les bons vieux qui aujourd'hui font un échange auquel tout le monde gagne : ils avaient cédé leur infirmerie au bon Dieu pour en faire sa maison; le bon Dieu leur rend sa maison pour en faire une infirmerie. Bénissez ces religieuses dévouées dont l'œuvre si prospère parle plus éloquemment que je ne saurais faire. — Bénissez cette nombreuse et sympathique assistance, avide et heureuse de vous voir, de vous contempler, de vous posséder, de vous entendre, et de constater par elle-même la vérité de ce que vos prêtres lui disent souvent que vous êtes l'évêque ferme qui ne saurait rien sacrifier de son devoir, mais aussi le Père affable qui ne saurait rien refuser de ce qu'il peut accorder : *de forti dulcedo !* »

La réponse de Monseigneur fut profondément touchante. En dehors de Dieu et du Christ présent au Tabernacle, il n'y a pas de vie religieuse possible; il n'y a pas de souffrance supportable et méritoire.

M. le Doyen de Conty ouvrit alors le Tabernacle à la Sainte Réserve, et Sa Grandeur donna le salut du Saint-Sacrement. Le *Te Deum* retentit triomphant.

A l'issue de la cérémonie, Monseigneur réunit la Communauté. Et, toujours bon, Monseigneur ne voulut pas quitter Conty sans aller porter une parole de réconfort au beau-frère malade de M. le Vicaire général, M. Dulermez, qui fut l'entrepreneur de la chapelle.

Quel beau compte rendu vous aurez à faire, disait quelqu'un au directeur du *Dimanche*. La tâche était facile, tant il y avait de belles choses à raconter.

Comme le marque le compte rendu précédent, l'autel de la chapelle de l'Hospice est l'ancien autel de la chapelle de Congrégation du Petit Séminaire de Saint-Riquier. Le tombeau de cet autel qui était en fer étant rouillé, a été remplacé par un autre en cuivre scellé du sceau de l'évêché, le 22 octobre 1911. Il contient l'ancienne authentique ainsi conçue : MDCCCLXIV *die vicesima quarta Aprilis. Ego Jacobus Antonius Boudinet, Episcopus Ambiamensis, consecravi altare hoc in honorem SS. Genitricis Dei Mariæ, et Reliquias sancto-*

rum martyrum Petri et Pauli nec non et Stephani protomartyris in eo inclusas et singulis Christi fidelibus hodie unum annum et in die anniversario consecrationis hujusmodi ipsum visitantibus quadraginta dies de vera indulgentia in forma Ecclesiæ consueta concessi.

† JACOBUS, Ant. Ep. Amb.
de Mandato,
A. LEFÈVRE,
Can., Sec. Gen. »

PROCÈS-VERBAL DE LA BÉNÉDICTION DE LA CHAPELLE PAR SA GRANDEUR MGR DIZIEN, ÉVÊQUE D'AMIENS (le 22 octobre 1911).

L'an de grâce 1911, le 22e jour du mois d'octobre, la chapelle de l'Hospice Saint-Antoine de Conty a été bénie par Mgr Jean-Marie-Léon Dizien, évêque d'Amiens, accompagné de M. l'abbé Cadot, vicaire général et de M. l'abbé Rambour, chanoine; en présence de M. l'abbé Cauet, chanoine, Supérieur de la Communauté des Sœurs hospitalières de Notre-Dame des Sept-Douleurs et de Sainte-Marthe, de M. l'abbé Simon, chanoine, Doyen de Saint-Sépulcre d'Abbeville, ancien doyen de Conty; de M. l'abbé Haumesser, curé-doyen de Conty; de M. l'abbé Charlet, Directeur au Grand Séminaire d'Amiens; de M. l'abbé Legris, Directeur au Grand Séminaire de Saint-Sulpice et de MM. les Curés du canton de Conty; de M. Caron, maire de Conty; de MM. Douillet, architecte de la chapelle; Ansart, architecte-décorateur; M. de baron de l'Épine, conseiller général; de MM. Payen, Duvelle, Lelièvre, Sellier, Marseille, Failliot, Leseigneur, Pecquet, Vanbremeersch, Briois...

Lesquels ont signé le procès-verbal, à la suite de Sa Grandeur.

Deux plaques de marbre, bien encadrées, placées de chaque côté de la porte de la chapelle, à l'intérieur, rappellent avec le nom vénéré de Mme la baronne de l'Épine, la date de l'inauguration de l'hospice et celle de la bénédiction de la chapelle.

A LA MÉMOIRE
DE MARIE-THÉRÈSE-ALEXANDRINE
JOURDAIN DE THIEULLOY
BARONNE DE L'ÉPINE

L'HOSPICE DE CONTY A ÉTÉ
INAUGURÉ LE 18 JANVIER 1917
ET BÉNI PAR M. L'ABBÉ BRUNEL
DOYEN DE CONTY

EN SOUVENIR
DE LA BÉNÉDICTION DE CETTE CHAPELLE
PAR MONSEIGNEUR DIZIEN
ÉVÊQUE D'AMIENS
22 OCTOBRE 1911

LA CHAPELLE A ÉTÉ ÉLEVÉE
GRACE AUX LIBÉRALITÉS DES AMIS
DE L'HOSPICE DE SAINT-ANTOINE
PRIEZ POUR EUX

Deux autres plaques placées dans le couloir de la chapelle rediront à la postérité les noms bénis des bienfaiteurs de l'hospice; qu'on nous permette, en attendant, de les citer :

M. le baron de l'Épine,
M. et Mme Jules Payen,
M. Louis Samson,
M. le vicaire général Cadot,
M. le chanoine Cauet,
M. le chanoine Simon,
M. le baron et Mme la baronne de la Grange,
M. et Mme Lelièvre,
M. le comte de Rougé,
M. et Mme Marseille,
M. et Mme Émile Pecquet,
M. Frénoy,
M. et Mlle Ballin,
Mme Tellier-Bilcoq,
M. et Mme Quenardel,
Mme Decaix,
M. et Mme de Guillebon,
M. le comte et Mme la comtesse de Maistre,
M. et Mme Failliot,
M. et Mme Caron-Couturier,
M. Louis Renon,
M. le Dr Vanbremeersch,
Mme Tellier-Boivin,
La famille Briois,
Mlle Dubrulle,
Mme Beauvais,
M. et Mme Dulermez,
M. Caron, maire, et Mme Caron,
M. et Mme Lucas,
M. Edmond Douillet,
M. Émile Maillard,
Mme Léméré,
La famille Duflou Lestavel.

(La liste reste ouverte.)

En dehors de ces bienfaiteurs proprement dits, il est de notre devoir de rendre hommage aux modestes, mais dévoués ouvriers qui ont consacré leurs loisirs de pensionnaires à enrichir et à embellir l'hospice.

M. Julien Demolliens, forgeron de son métier, toujours prêt à obliger, la nuit comme le jour : il n'était pas rare d'entendre l'enclume résonner sous le manteau dès 4 heures du matin : c'était Demolliens à son atelier; il avait ses entrées libres, à l'usine Failliot où on l'aidait pour les gros travaux. C'est lui qui fit la grille et la porte de la basse-cour, l'entourage de la grotte, puis des châssis, des bancs, tout ce qui était à faire. Il était artificier à ses heures. Qu'on me premette un souvenir personnel. J'arrivais à l'hospice de Conty, accompagné de M. le Doyen, M. Simon, pour faire une prepremière visite aux Sœurs; c'était le 9 décembre 1908, vers 4 heures du soir. Un homme un peu interloqué s'approche et me dit : Est-ce bien vous? — Je répondis : oui. — Eh bien, attendez un peu. — Nous attendons, et lui, c'était M. Demolliens, retourne à ses pièces, mais les allumettes ne valaient rien, les pétards étaient un peu humides. Enfin, grâce à M. le Doyen, le feu d'artifice commence, et nous entrons salués par les fusées et les feux de bengale.

M. Paul Bossu, carrossier de son état. Au moyen de quelques pièces d'occasion achetées par lui à Paris et d'un acacia de l'hospice, il parvint à construire le corbillard dont la maison et la ville tout entière profitent depuis 1905.

M. Adolphe Truc, mécanicien. Depuis longtemps on avait le projet de construire une grotte de Notre-Dame de Lourdes au fond du jardin et à cette fin on ramassait des silex ici et là. Adolphe en fit son œuvre : il alla de tous les côtés, cherchant les pierres qu'il lui fallait jusque dans les villages des environs et les rapportant dans sa brouette. Il mit quinze mois à faire le petit chef-d'œuvre, qu'il agrémenta d'une petite cascade et d'un jet d'eau.

Nommons enfin M. Eugène Jérome; il avait été ébéniste, et il n'avait rien perdu, sinon de ses forces, au moins de son talent : il le montra bien en façonnant quantité de portes, d'armoires, de tables... il fut heureux de travailler aux préparatifs de la pose de la première pierre de la chapelle. Il avait le désir d'obliger les Sœurs, mais il avait aussi l'intention de plaire à Dieu, toujours le premier à la prière, à la messe. Sa vie à l'hospice a été on ne peut plus édifiante, et sa mort fut celle d'un élu.

Un grand nombre de ces bienfaiteurs ont quitté le monde. Nous demandons pour eux le repos éternel; aux vivants nous souhaitons longue et heureuse vie.

Il nous reste à raconter ce que l'hospice eut à souffrir pendant la guerre de 1914. Dès le 1er août, on eut peur, et pour Conty, les craintes devinrent bientôt des réalités : le 30 août, on nous amena un soldat mourant, il était en tout cas bien malade; nuit et jour il fallut le soigner jusqu'à la fin de novembre; un autre nous arrivait, les côtes cassées; le 30, ce ne fut plus un, deux soldats, mais une foule en désordre, exténués et manquant de tout. Il y en avait encore le 2 septembre, mais en même temps il y avait des uhlans, il en défila 25 devant l'hospice... était-ce tout? Ils repassèrent quelques instants après, et ils disparurent pour toujours : on ne demandait que cela. Mais des soldats français, il y en eut continuellement à Conty; l'hospice, comme de juste, recevait les malades, des typhiques surtout; M. le Dr Vanbremeersch dut se multiplier, et il le fit de bonne grâce. Le 23 septembre, on y apportait un petit gas, comme l'appelait le major. Il avait 19 ans, il s'appelait Léon Gentais, brigadier au 39e d'artillerie. Il ne s'était pas déchaussé depuis la mobilisation : il était dévoré par une fièvre que rien ne put calmer. Il mourut le 28, en offrant sa vie pour la France et en demandant pardon à la Sœur qui le soignait, de l'avoir tant fatiguée.

Le même jour un terrible accident frappait une honorable famille de Conty, et plongeait le pays tout entier dans la peine. Remi Flinois, âgé de 16 ans, avait trouvé un obus; il regardait cet engin inconnu, mais il le laissa tomber; en tombant l'obus éclata en tuant le pauvre jeune homme, blessant mortellement le domestique qui était avec lui. Le 30, à l'église deux cercueils étaient juxtaposés, contenant les restes de nos deux jeunes gens, notre brigadier et notre compatriote, moissonnés à la fleur de l'âge, accompagnés par les larmes et les prières de toute une population navrée. — Et nous étions encore au début ! ! ! il faudra encore passer quatre ans dans cette atmosphère sombre et incertaine !

Le 18 janvier 1915, les religieuses reçurent la visite de M. Moullé, préfet de la Somme, du général de Lamothe; le lendemain, c'était le commandant de la place de Conty qui venait nous apporter une lettre du général ainsi conçue : Le général de division de Lamothe, directeur des Étapes et des Services de la 2e armée à l'administration de l'hospice de Conty :

« Il m'a été signalé que depuis le début de la campagne, un certain nombre de militaires avaient été traités à l'hospice de Conty où ils avaient reçu les soins les plus éclairés et les plus dévoués. Je tiens à vous en exprimer, ainsi qu'à vos collaboratrices, mes très vifs remerciements.

« Recevez, Madame la Directrice, l'assurance de ma considération distinguée. »

Et à partir du 1er février, l'hospice fut annexé aux hôpitaux militaires.

Et les soldats y trouvèrent avec les soins des religieuses tout ce qui pouvait les soulager : consultations, médicaments, pansements, bains; les troupes des environs elles-mêmes venaient par escouades à l'hospice prendre un bain. Ce fut l'histoire de tous les jours ou à peu près, jusqu'au 17 avril 1918, où l'hospice fut évacué et converti en ambulance.

Oui, il a fallu partir avec les vieillards, d'ailleurs résignés en faveur des soldats blessés ou malades qui devaient prendre leur place.

L'hospice ne suffisant pas, on dressa à côté et derrière, un certain nombre de tentes pour abriter les moins malades. Et ils y furent nombreux, nombreux ceux qui y recouvrèrent la santé; hélas ! nombreux aussi ceux qui succombèrent : 528 morts ! Tel est le chiffre inscrit sur le livre de deuil. Quatre religieuses étaient restées au pavillon Saint-Jules, aidant de tout leur cœur infirmiers et infirmières, médecins et majors. M. le Doyen, M. l'abbé Haumesser, soutenu par sa foi et son patriotisme d'Alsacien fidèle, y fit des prodiges de dévouement.

Nous ne voudrions pas ennuyer le lecteur en reproduisant des lettres de remerciements adressées à la Supérieure; nous nous contenterons de dire que parmi les témoignages que nous avons là sous la main, il en est deux qui nous ont frappés, celui du colonel A. Marlière et celui de son fils Jean Marlière. Ce jeune soldat fut apporté à l'hospice dans un état désespéré au commencement d'octobre 1914; le père était à Toulouse, à la direction du génie. On devine ses angoisses quand il apprit l'état de son fils; il désire connaître *toute* la vérité, quelle qu'elle soit.

« Je devine, écrit-il à la Supérieure, ce qui s'est passé. Le cher enfant a voulu lutter jusqu'au bout, rester quand même sur la brèche, tout à son service de soldat, jusqu'au moment où il a été vaincu...

« J'ai la douce consolation de le savoir en bonnes mains, et j'ai la certitude que, grâce à vos soins affectueux et dévoués, si Dieu, en qui je mets toute ma confiance, veut bien le permettre, le cher enfant sera conservé à l'affection des siens. Dans le cas contraire, je m'inclinerai devant la volonté divine, avec la consolation de savoir qu'il aura quitté ce monde, entouré des soins de vos chères Sœurs et en paix avec sa conscience. Mais il n'en sera pas ainsi : vous le sauverez; il serait trop dur de le perdre, sans avoir pu le serrer une dernière fois dans mes bras ! »

On devine la joie du père quand il apprit enfin que son fils était hors de danger, quand il put voir son ressuscité, quand il eut le bonheur de presser son Jean sur son cœur. — Ses lettres débordent de joie et de reconnaissance. Jean n'est pas moins expressif envers les bonnes Sœurs qui l'ont sauvé. Non, c'est Dieu qui l'a guéri, mais ce sont les bonnes Sœurs qui l'ont pansé.

Cependant nos vieux et nos vieilles, sous la conduite de quelques Sœurs, étaient partis avec confiance; on leur avait promis tant de bonnes choses ! presque des wagons capitonnés. Les religieuses avaient emporté tout ce qu'il était possible de prendre : des matelas, des couvertures, du linge, des vivres en quantité, des sacs remplis et encore des sacs, toute une batterie de cuisine, même de la vaisselle.

Jusqu'à Rouen, tout alla bien; cependant déjà un certain nombre d'évacués étaient fatigués; — quelques-uns avaient la tête ébranlée. — Et voilà qu'à Rouen, on ne sait plus que devenir.

Nous ne voulons pas récriminer, encore moins nous plaindre de qui que ce soit.

Chacun, nous voulons bien le croire, a fait de son mieux, et il est bon de se rappeler en quel temps nous vivions ! Mais on s'aperçut bien vite qu'en fait de capitonné, il n'y avait que les promesses. A la gare, à la préfecture de Rouen, personne n'était avisé de la venue de 125 évacués. — Après pourparlers, quelques-uns furent recueillis dans les établissements hospitaliers de Rouen; les autres, tous les autres attendirent à la gare jusqu'au samedi 20, à 6 heures du soir. — Enfin on part... lentement. — Les vieux et même un certain nombre de vieilles, sont dans des fourgons à bestiaux. — On va jusqu'à Auch; à Auch il n'y a de place nulle part. — On revient à Agen. On est parti le 17 et nous sommes le 23; et la nuit du 23, il faut la passer tout entière dans les wagons, sans lumière, et sans une goutte d'eau ! Pour comble de malheur, la voiture qui contient les bagages : literies, malles, sacs, est perdue — elle est en route, dit-on, pour Montauban !

Enfin le 24, Sœur du Perpétuel Secours écrit de Bordeaux : Les Sœurs sont là, toutes 5, avec ce qui nous reste de vieux et de vieilles, dans une caserne de passage, 136, rue Belleville.

Ce n'est que le 21 mai qu'on put s'installer tant bien que mal, plutôt mal que bien, dans un couvent de Clarisses, désaffecté, à Talence, 134, rue Émile-Zola ! ! ! On donna à la maison le nom d'hospice Sainte-Claire. C'est dans ces cloîtres qu'a vécu et qu'est morte la Sœur Marie-Céline de la Présentation dont les restes reposent au cimetière de Talence.

Hâtons-nous de dire qu'à Bordeaux, à Talence, chacun, du plus grand au plus petit, se montra on ne peut meilleur. S. Ém. le cardinal Andrieu fit aux Sœurs un accueil bienveillant et précieux; M. le Curé de la paroisse fut un vrai père. M. le Maire ne le céda à personne en attentions de toutes sortes; il déclara, dès le début, qu'il ne voulait laisser manquer de rien, et il tint parole. Les habitants s'intéressaient aux exilés; qu'il nous soit permis de remercier ici publiquement M. Louis Claverie, employé à la mairie de Bordeaux, et Mme Vignau qui se fit infirmière avec nos Sœurs, et leur fut d'un précieux secours pendant tout leur séjour là-bas.

A Talence, on donna des fêtes en faveur des évacués de Conty. Le 18 août 1918, il y eut une fête religieuse, en l'honneur de Sainte Claire, avec une quête, bien entendu. — Le 26 janvier suivant, ce fut un concert de famille, à la salle de Guienne, 5, rue Combes ! ! ! Il y avait un programme vraiment alléchant et on y joua entre autres choses une revue d'actualité. *On les a eu !* L'auteur était un soldat.

> Lorsque, disait-il, devant les yeux, on jouera la Revue
> Sois indulgent, public, pour l'auteur de ce « crû ».
> Il y a mis son cœur, c'est un cœur de poilu,
> Qui peut bien haut crier : Victoire, on les a *eu !*

Les survivants de l'évacuation avec quelques autres recueillis en chemin rentrèrent à Conty le 5 juillet 1919. Les religieuses rentrent avec eux, même Sœur Saint-Roch qui a failli rester là-bas par suite d'une maladie excessivement grave.

L'hospice reprend son train ordinaire; tout le monde est heureux d'avoir retrouvé sa Maison.

Dans le cours de l'année 1922, l'électricité est posée dans tout l'hospice; une belle cloche devenue inutile dans une chapelle du cimetière est, par les soins attentifs de M. le Doyen, donnée à la Maison. Les amateurs liront avec plaisir l'inscription qu'elle porte :

J'ai été nommée Martine par M. Alfred de Voiencourt de Luzières-les-Conty et par demoiselle Émilie Valembourg de Caen, sa nièce, et bénite par M. l'abbé Morgand, curé-doyen de Conty, sous l'épiscopat de Mgr A. Boudinet, évêque d'Amiens, le 4 juillet 1862, jour de la translation de Saint Martin, patron de ce lieu.

XIII. — Grémonville (Seine-Inférieure).

Asile de Saint-Antoine de Padoue.

C'est vers la fin de 1897, que l'asile de Grémonville fut ouvert.

Grémonville est un beau petit village du canton d'Yerville, arrondissement d'Yvetot. Situé sur un plateau, bien planté d'arbres séculaires, il semblait tout préparé pour un sanatorium. — Il possède une magnifique église, riche surtout à l'intérieur : autel en boiseries superbes — et les habitants sont des chrétiens pratiquants; ils rappellent les premiers croyants : *cor unum et anima una.*

Grémonville possède un château remarquable, relativement moderne, mais qui peut rendre des points à certains castels anciens par l'emplacement, les dimensions et le mobilier.

Ce château appartenait à Mlle de Bellegarde, qui y résidait avec son frère, M. Albert, célibataire, une partie de l'année.

Le 23 octobre 1904, elle le vendit à Mme de Saint-Senoch, mais avant de le vendre elle avait voulu en distraire au moins quelques dépendances, pour les consacrer à une œuvre de charité. Ces dépendances étaient loin d'être appropriées pour un asile de vieillards, mais devant les instances de la charitable demoiselle, et leur désir de faire du bien dans la contrée quelque peu déshéritée de cette sorte d'œuvres, nos mères acceptèrent; elles en furent quittes plus tard pour ajouter, transformer, améliorer, et aujourd'hui, sans être un palais, l'asile de Grémonville peut recevoir avec avantage une centaine de malheureux.

Mais racontons d'abord l'origine de cette œuvre.

En septembre 1897, sous le rapport des Sœurs quêteuses envoyées par M. l'abbé Oursel, curé-doyen de Motteville, nos trois Mères sont allées voir M. l'abbé Sanson, curé de Grémonville, qui comme il était convenu, les conduisit chez Mlle de Bellegarde. Il résulta de l'entretien, qu'au mois d'octobre suivant, on ouvrirait un asile pour 12 vieillards, hommes et femmes. Déjà, dans les dépendances du château, il y avait une école libre de jeunes filles, installée alors dans le dortoir actuel des femmes valides; l'école fut transférée cette année même dans un nouveau local élevé au milieu de la cour et y resta jusqu'en 1910, époque à laquelle elle fut établie hors de l'asile pour céder la place à une chapelle.

Le 14 octobre 1897, eut lieu l'ouverture de l'asile. Mlle de Bellegarde avait fait disposer les locaux et le mobilier nécessaire pour commencer. C'était pauvre, mais le cœur y était de part et d'autre. Quand les Sœurs arrivèrent sous la conduite de Mère Marie-Joseph, la table était mise. Moins de deux ans après, le nombre des vieillards admis était de beaucoup supérieur aux prévisions : rien ne prouvait mieux sinon la nécessité, du moins la grande utilité de la fondation.

Il serait inutile de relater les différents travaux qu'il fallut successivement exécuter pour clore l'asile, pour lui donner un peu d'unité, pour y assurer les conditions nécessaires à la bonne santé et à la bonne organisation d'une maison. Il y fallut un peu de patience et aussi un peu d'argent, mais, grâce à Dieu, on y arriva.

Donnons simplement quelques détails.

En 1901, Mlle de Bellegarde fit construire, près de la route, une grotte à Notre-Dame de Lourdes, à la place d'une petite chapelle qui était dédiée à Notre-Dame des Champs. La bénédiction de cette grotte fut faite le premier dimanche d'octobre 1901 par M. l'abbé Marquesy, curé du Petit-Quevilly et ancien curé de Grémonville.

Au mois de mars 1904, M. le Dr Méheux ouvrit une souscription destinée à créer de petits jardins d'agrément qu'on orna des statues de Notre-Dame de Pitié et de Sainte Marthe; ces statues furent bénies le 2 juin en même temps que les dortoirs du premier et du deuxième étage qu'on venait d'agrandir encore.

Mlle de Bellegarde prenait un grand intérêt à son œuvre naissante; souvent elle faisait visite à ses chers pauvres, heureux de recevoir leur bienfaitrice, et au jour de Saint-Joseph, elle venait avec son frère, servir le dîner des vieillards. A la

Fête-Dieu, elle avait grand plaisir à les aider aux reposoirs qu'ils élevaient pour recevoir l'Hôte divin qui allait venir.

Les jours de Saint-Joseph et de la Fête-Dieu étaient attendus d'une année à l'autre, et on en parlait toujours avec bonheur.

Lors d'une visite à Mlle de Bellegarde à Rouen en 1905, Mère Saint-Stanislas la trouva fort changée et elle crut utile de lui demander si elle ne jugeait pas que le moment fût venu de prendre ses dispositions pour l'avenir. Mlle de Bellegarde qui, jusque-là, était restée propriétaire, accéda à la requête de la Supérieure, et le 18 avril, l'acte de donation était signé, nous n'en donnerons ici que la partie intéressante.

« Par devant Me Maurice-Gabriel Huet, notaire à la résidence d'Yerville (Seine-Inférieure), soussigné, en la présence des témoins instrumentaires ci-après nommés (MM. Félix Lefebre, adjoint et Adolphe Lelièvre, charpentier) et aussi soussignés.

« A comparu : M. Charles-Émile Beaucourt, ancien notaire, demeurant à Rouen, rue Étoupée, n° 34, assistant au nom et comme mandataire de Mlle Marie-Caroline Bataille de Bellegarde, propriétaire, demeurant à Grémonville ci-devant, et actuellement à Rouen, rue Faucon, n° 1, aux termes de la procuration qu'elle lui a donnée suivant acte reçu en la présence réelle de témoins par Me Turban, notaire à Rouen, le 17 avril, présent mois, et dont une expédition est demeurée ci-annexée après mention, lequel au nom de sa mandante, a fait, par ces présentes, donation entre vifs, à Mlle Marie Berquer et à Mlle Sophie Davant, toutes deux propriétaires, demeurant à Amiens, rue Martin-Bleu-Dieu, n° 39, ici présentes, et qui acceptent, lesdites demoiselles assistant et pour le compte de la société qui existe sous la raison sociale Louise Glavier, dont le siège est à Amiens, rue Martin-Bleu-Dieu, n° 39.

« De l'immeuble dont la désignation va suivre :

« Une petite propriété située à Grémonville, lieu dit « le village » affectée présentement à un asile de vieillards, hommes et femmes, consistant en deux logis de bâtiment; petite maison d'école avec préau, enclavée dans l'immeuble; bâtiments accessoires; terrain en jardins, cours, y compris la partie de l'ancienne cour, dite la cour aux daims, réservée lors de la vente du château, le tout représentant une superficie d'environ 22 ares 27 centiares et borné d'un côté par un chemin accédant à la route de Motteville à Doudeville; d'autre côté vers le sud, par Mme de Saint-Senoch; d'un bout, près Mlle de Bellegarde, donatrice (ferme du château), d'autre bout, vers l'ouest, par Mme de Saint-Senoch et Mlle de Bellegarde (parcelle qui va être à l'instant donnée).

« Dans la présente donation est comprise en outre une petite portion de terrain sur laquelle une grotte est édifiée, voisine de l'immeuble ci-dessus. »

Mlle de Bellegarde mourut le 1er juin 1909. M. Albert, son frère, vécut jusqu'au 8 mai 1910.

La maison étant devenue la propriété de la Communauté, dès 1908 on jugea bon de relever le bâtiment du côté des femmes et de l'allonger. Cela permit de faire un local convenable pour la Communauté et deux grandes chambres au premier étage.

Le 13 juin 1908, Mgr Fuzet, archevêque de Rouen, étant venu donner la Confirmation à Grémonville, voulut bien faire visite à l'asile de Saint-Antoine; tout le personnel était réuni, et le R. P. Supérieur, qui se trouvait là, lui adressa quelques paroles de bienvenue, et lui demanda pour toute la maison une bénédiction spéciale que Sa Grandeur daigna nous donner, après avoir remercié le R. P. Supérieur.

Le 7 juin 1916, M. le Doyen de Motteville obtint de Mgr Dubois, le nouvel archevêque de Rouen, la faveur de la Sainte Réserve.

Le R. P. Supérieur dit la première messe, le 25 juillet 1917, dans l'école devenue chapelle et y intronisa Jésus-Hostie. Remercions de suite M. l'abbé Duprey, curé-doyen de Motteville, qui n'a jamais manqué une occasion de rendre service ou de faire plaisir. Aussi est-ce avec bonheur qu'on reçut la nouvelle de son élévation à la dignité de chanoine honoraire le 21 décembre 1916. Il fut en toute circonstance pour nos Sœurs un conseiller sage et profondément dévoué; il avait un culte pour notre Mère Marie-Joseph. Après avoir chanté la messe pour le repos de son âme, le 27 décembre 1918, il ne put s'empêcher de dire quelques mots où il fit passer son cœur.

Quand on apprit sa mort le 28 avril 1923, ce fut un vrai deuil dans toute la maison où il était connu et aimé comme le meilleur des hommes.

Comme nous venons de le voir, notre Mère Marie-Joseph est morte à Grémonville. Elle y était arrivée avec Mère Sainte-Agonie et quelques religieuses le 27 mars; le noviciat de Bacouël vint l'y rejoindre le 1er avril. L'asile de Saint-Antoine devint alors le refuge ou tout au moins le lieu d'une halte pour toutes les Sœurs qui, chassées de leur maison par la guerre, étaient heureuses de trouver là un accueil sûr et réconfortant. Les murailles trop resserrées en plus d'une circonstance se dilatèrent comme les cœurs pour abriter les exilés. — Il y eut une prise d'habit, et ce fut un événement, car il n'y avait jamais eu de prise d'habit à Grémonville et il n'y en aura sans doute plus de sitôt. Ma Sœur Saint-Dominique y reçut en effet l'habit des mains du R. P. Supérieur, venu voir ses filles, le 22 août 1918. Ce fut un beau jour au milieu des larmes de la Séparation. Les nouvelles de la guerre étaient meilleures, mais quand pourrait-on rentrer dans sa maison?

Et les jours de deuil n'avaient pas manqué.

Le 13 avril, Mlle Desjardin, une sainte pensionnaire de la rue Martin-Bleu-Dieu, y avait rendu sa belle âme, presque en y arrivant.

Le 29 juin, c'était le tour de M. l'abbé Vaquez, ancien curé de Saveuse, retiré à la rue Martin-Bleu-Dieu. Au début de février 1911, menacé d'une angine de poitrine, transporté à Bacouël le 29 mars 1918, lors de l'évacuation d'Amiens, et de Bacouël devenu impossible, à Grémonville le 25 avril.

Le 14 août, ce fut ma Sœur du Bon-Pasteur; elle s'en alla fêter au ciel l'Assomption de la Sainte Vierge en récompense des souffrances que depuis plusieurs années elle avait essayé de rendre méritoires.

Le 19 novembre, Mlle Waquet quittait à son tour cette vallée d'exil, après une vie toute consacrée à la piété et à la charité; elle a fait son possible pour l'exercer encore après sa mort édifiante comme sa vie.

Enfin, le 23 décembre, comme nous l'avons déjà dit, notre Mère Marie-Joseph épuisée par l'émotion et les soucis de la guerre, ajoutés aux autres, entrait dans son éternité, laissant une réputation de bonté, qui fut la caractéristique de toute sa vie religieuse. Le R. P. Supérieur était arrivé à temps pour recueillir ses dernières instructions, lui donner tous les secours de la religion et recevoir son dernier soupir.

Terminons cette courte notice de l'asile Sainte-Antoine en relatant l'installation de M. l'abbé Masseline, nouveau curé de Grémonville, en remplacement de M. Sanson, démissionnaire pour raison de santé. Elle eut lieu le 19 mai 1919, et elle fut digne de Grémonville. M. Pierre de Saint-Senoch, maire, à la tête du Conseil municipal, le Conseil paroissial étaient là avec tous les habitants; et les vieillards de l'asile n'étaient pas les moins empressés pour voir et acclamer leur nouveau curé. Quelques jours après ce fut la réception à l'asile; le nouveau pasteur n'eut pas de peine à faire la conquête des cœurs; il promit tout son dévouement à l'œuvre, et depuis quatre ans il ne s'est pas démenti.

XIV. — Cassel (Nord).

Maison Saint-Louis, maison de retraite pour les prêtres.

M. l'abbé Thibaut, curé-doyen de Cassel, désireux de rendre service à ses confrères, âgés ou infirmes, avait acheté le pensionnat des Dames de Saint-Maur, avec l'intention d'en faire une maison de retraite pour les prêtres.

Le projet ne pouvait déplaire à l'autorité diocésaine, trop heureuse de pouvoir offrir cette consolation aux membres de son clergé qui en auraient besoin. Dans tous les diocèses, nos évêques se préoccupent en effet et à bon droit de cette importante question, pas toujours facile à résoudre.

M. l'abbé Thibaut ayant entendu dire que la Communauté des Sœurs de Notre-Dame des Sept-Douleurs et de Saint-Marthe s'adonnait à cette œuvre, il en référa à M. le chanoine Lamant, vicaire général de Cambrai, qui écrivit à Notre Mère la lettre suivante :

« Cambrai, 28 décembre 1908.

« Ma Révérende Mère,

« Monseigneur l'archevêque de Cambrai va ouvrir prochainement à Cassel, dans une ancienne maison d'éducation de religieuses, une *maison de retraite* pour les prêtres âgés ou infirmes.

« Sachant que votre Congrégation est officiellement destinée à diriger de telles œuvres, je viens solliciter de votre charité que vous nous accordiez, comme début, deux Sœurs dont l'une serait apte à la cuisine et aux choses du ménage, l'autre ferait les chambres et soignerait les malades.

« Une bonne vieille concierge aurait le soin de la porte et aiderait aux soins de propreté dans la maison.

« Si vous tenez à voir l'emplacement et la disposition de

la maison, adressez-vous à M. le doyen de Cassel, ou allez jusqu'à Cassel.

« Les conditions seront celles que vous nous indiquerez. — Notre installation dans la maison est toute propice au maintien de la vie commune par la raison que des religieuses l'ont bâtie... Il y a une fort belle chapelle à proximité de toute l'habitation. .. »

Après quelques pourparlers, la chose fut décidée, et le 22 mars 1909, ma Sœur Saint-Ambroise allait ouvrir la maison. Le 1er avril, M. Lamant, en présence de M. le Supérieur, de M. l'abbé Thibaut et de MM. les Vicaires, allait la bénir solennellement. M. l'abbé Hasbrouck, ancien économe du collège d'Hazebrouck, en était nommé directeur.

Les prêtres y arrivèrent dès le début, et la réputation de la maison ne tarda pas à en attirer d'autres. Ils furent huit, les 8 béatitudes, disait la Supérieure, puis bientôt douze, les 12 apôtres, au moins autrefois, ajoutait-elle plus tard, et le nombre n'a jamais beaucoup varié. — Le premier pensionnaire fut M. *Barbry*, curé de Wemaers-Capel. Il souffrait d'une maladie de cœur. Il avait une vieille bonne, une vieille maison, tout y était vieux, même la poussière. — Deux jours après son arrivée, il se regardait dans une glace, il ne se reconnaissait pas, il se voyait rajeuni — il est vrai qu'il avait passé à la douche parfumée d'eau de Cologne ! — Il est mort le 11 janvier 1915, il avait dit la messe encore le jour de l'Épiphanie. Il était resté là près de six ans, vrai modèle de piété et de régularité. Ses confrères l'appelaient *le petit Curé d'Ars*.

Au mois de mai 1911, M. l'abbé Thibaut, par crainte d'être au-dessous de sa tâche à cause de sa santé, crut devoir donner sa démission. A force d'instances auprès de Sa Grandeur, il finit par l'obtenir, mais ce fut pour Cassel et pour les prêtres de la maison Saint-Louis qu'il avait fondée, un grand sacrifice. — S'il y avait une consolation possible, elle vint du choix de M. l'abbé Dassonneville, qui avait été seize ans vicaire à Cassel même, dont six ans sous M. l'abbé Thibaut; il continuerait certainement les bonnes traditions de son cher prédécesseur et les espoirs ne sont pas déçus.

L'installation eut lieu le 10 août, elle fut triomphale pour

M. Dassonneville; mais M. Thibaut n'y fut pas oublié. — M. le Président de la Jeunesse catholique commençait son discours par l'éloge du doyen parti. M. l'Archiprêtre d'Hazebrouck déclara qu'il avait emporté, avec les regrets unanimes, l'estime, la sympathie, l'affection de ses ouailles, et M. le Doyen installé rendit un hommage de vénération à son bon et saint prédécesseur.

Dans la huitaine qui suivit, M. Dassonneville s'empressa d'aller rendre visite à chacun des prêtres de la maison de Saint-Louis qu'il proclama ses meilleurs amis; il les assura de son dévouement et leur promit d'être pour eux ce qu'avait été M. Thibaut. Les religieuses eurent leur large part de félicitations et de promesses qui furent d'ailleurs fidèlement tenues.

Le dimanche 24 avril 1912, Mgr Delamaire, archevêque de Cambrai, vint dire la messe à la chapelle, accompagné par M. Lamant. Après avoir salué les prêtres de Saint-Louis et rendu visite à un pauvre poitrinaire, arrivé depuis un mois et qui voulait voir son archevêque qu'il n'avait pas vu encore, Sa Grandeur réunit les Sœurs et leur dit : « Mes bonnes petites Sœurs, je veux vous remercier bien sincèrement de tout ce que vous faites pour ces messieurs : ils ne tarissent pas d'éloges sur votre compte pour les bons soins dont ils sont l'objet, et ils m'ont bien recommandé de ne pas vous ménager mes félicitations. Je suis heureux de vous les adresser, et je regrette d'être obligé de retourner à Cambrai; il fait si bon d'être ici que bien volontiers j'y resterais... — Mgr l'Archevêque promit de revenir bientôt, mais la maladie et la mort l'empêchèrent de tenir sa promesse. — Ce fut sur ces entrefaites que Lille devint évêché avec Mgr Charost comme premier titulaire, et MM. Jourdin et Lecomte (futur évêque d'Amiens) comme vicaires généraux (octobre 1913).

M. Jourdin, chargé spécialement de l'arrondissement d'Hazebrouck, vint souvent à Cassel. — Il fut même pensionnaire à la maison pendant quelque temps, au milieu de l'année 1917. — C'était pour lui un vrai bonheur de vivre au milieu de ces vétérans du sacerdoce, et pour eux un grand honneur et plus encore une grande joie de le voir partager leur vie, en leur donnant l'exemple de la plus parfaite régularité.

Le mont Cassel fut relativement épargné pendant la grande guerre, grâce, m'écrivait souvent la Supérieure, à Notre-Dame de la Crypte, mais les environs, Dunkerque, Bergues, Hazebrouck, et certains villages au pied de la montagne subirent des bombardements terribles qui ébranlaient tout et semaient la terreur. La maison Saint-Louis, par sa situation, permettait de voir de vrais feux d'artifice qui eussent été de jolis spectacles si on n'avait pas su que c'étaient des combats aériens, des explosions d'obus, ou des bombes incendiaires lancées par les taubes. Plus d'une fois le sommeil y fut interrompu et l'appétit coupé, même chez les religieuses dont le cœur paraissait s'arracher à chaque coup de canon — au moins pour quelques-unes. — Au 30 octobre 1914, la maison était devenue une caserne; en 1916 et 1917, il y eut un peu de relâche, mais en mars 1918, la ville de Cassel se vidait et la maison Saint-Louis se préparait à l'évacuation. Plusieurs pensionnaires étaient partis, mais ils revinrent bientôt, le danger s'éloignant. A part quelques vitres cassées, on en fut quitte pour la peur. — Après l'armistice, en décembre 1918, Mgr Charost, évêque de Lille, vint rendre visite à ses prêtres et aux Sœurs. Il s'en alla enchanté, dit-il, de voir ses chers vétérans bien soignés et contents. — Le 22 mars 1920, M. l'abbé Thibaut est décédé à Cassel; M. l'abbé Hasbrouck est décédé également le 15 janvier 1921; la guerre dont il suivait les péripéties avec émotion, et les bombardements avaient nui à sa santé déjà ébranlée; ses confrères le regrettèrent beaucoup pour le dévouement qu'il leur avait témoigné en toute occasion. Il fut remplacé à la fin de février par M. l'abbé Bossuwe, curé de Rubrouque, prêtre zélé mais un peu fatigué.

Le 12 août 1922, Sœur Saint-Ambroise, la première supérieure, fut appelée à la charge de maîtresse des Novices à Amiens. Elle fut remplacée à Cassel par Sœur Saint-Étienne.

Ce départ fut pénible pour tous et en particulier pour Sœur Saint-Ambroise qui, depuis plus de treize ans, se dévouait sans compter jour et nuit à cette belle œuvre. Les prêtres qui avaient été l'objet de ses soins délicats, ne savaient comment témoigner leur sympathique reconnaissance. Ils perdaient une vraie mère et ils étaient inconsolables. Plusieurs pleuraient comme leurs prédécesseurs avaient pleuré, en **1913**, le départ de ma Sœur Philomène qu'ils avaient eue pendant trois ans et qui, toute jeune et simple postulante alors, avait été pour eux un vrai modèle de Sœur.

Chers Messieurs, consolez-vous, les figures et les caractères peuvent être différents, mais le dévouement est le même chez toutes les religieuses et vous pouvez avoir confiance.

XV. — Beauval (Somme).

Maison de retraite.

Beauval est un beau pays; on ne l'appelle pas Beau vallon pour rien. — Il était beau quand on l'a baptisé. — Mais celui qui ne l'a pas vu depuis un demi-siècle aurait peine à le reconnaître aujourd'hui; on peut dire que, depuis 1885, il est tout à fait transformé. La découverte des phosphates, la richesse qui en est résultée, les grands et petits châteaux bâtis, l'électricité posée, l'église magnifique installée en amphithéâtre, le cimetière incomparable de tout point, avec l'avenue superbe qui y conduit, tout fait de ce simple village un beau village; encore une fois, c'est son nom.

Beauval est aussi un bon pays; les gens d'autrefois s'aimaient bien, et nous croyons volontiers que c'est toujours pareil. Les personnes riches s'intéressaient aux pauvres, et le bureau de bienfaisance enrichi par M. de Créquy, leur venait en aide avec grande générosité. M. l'abbé Prévot, notre vieux curé, — c'est son nom encore, — avait le culte des pauvres. Mais il manquait quelque chose à Beauval. M. Prévot voulait d'abord une église, et ces MM. Saint la lui ont donnée. Il voulait encore autre chose, — il est mort dix ans trop tôt : Une maison hospitalière, destinée à recevoir les malades, les infirmes, les pensionnaires volontaires, hospice, maison de retraite, pension de famille, le nom importe peu, mais une maison s'imposait.

Il y avait eu des velléités... Mlle Sylvie Sévin avait laissé 50 à 60.000 francs pour commencer quelque chose; d'autres générosités s'annonçaient, — et d'autres auraient suivi, car Beauval, c'est aussi Bonval. Pour des raisons qu'il serait pénible de rappeler, les bonnes intentions échouèrent, — mais la charité sacerdotale ne s'arrête pas, et elle finit par avoir raison des obstacles qu'on aurait crus insurmontables. — La Providence paraît à l'heure qu'elle veut, et M. l'abbé Dupuis, notre curé actuel, était à l'affût. Mme Bonvallet, née Philippine Lanciaux, originaire de Beauval, a fait bâtir une belle maison, elle aussi; elle a perdu son mari, elle habite Rennes, elle n'a pas d'enfants, en revanche elle a une sœur infirme qui réclame des soins qu'une femme seule ne peut donner. M. le chanoine Cauet, un autre enfant de Beauval, est le Supérieur des Sœurs hospitalières de Notre-Dame des Sept-Douleurs et de Sainte-Marthe. Il ne peut rien refuser à son village natal. Mme Bonvallet s'adresse à M. le Curé, M. le Curé s'adresse à M. Cauet. En quelques jours l'affaire est conclue, et le 2 mai 1910, 2 Sœurs arrivent à Beauval et s'installent chez Mme Bonvallet, rue Neuve, prêtes à soigner Mlle Marie; elles surveilleront les enfants à l'église; elles s'occuperont du linge sacré, et elles visiteront les malades à domicile.

Dire que les Sœurs furent bien accueillies à Beauval serait superflu. Les dames âgées ont été élevées par les Sœurs de la Sainte-Famille, les jeunes par les Filles de la Charité et nulle part, cornette, costume religieux n'est en honneur plus que dans le pays qui a donné lui-même et qui compte encore à l'heure actuelle plusieurs religieuses parmi ses enfants.

Le 7 août 1910, un certain nombre de Sœurs, sous la conduite de Mère Marie-Joseph, vinrent assister à la plantation de Croix, dite de la Mission, et constatèrent avec plaisir que leurs compagnes étaient déjà estimées.

Le 18 mai 1919, une troisième Sœur est accordée définitivement à la maison de Beauval dont toutes les chambres sont occupées maintenant par des pensionnaires.

Mme Bonvallet est décédée à Rennes, à la fin de janvier 1918; son corps fut rapporté à la sépulture de famille, le 24 avril 1922; Mlle Marie est morte le 30 mai 1918. La maison de Mme Bonvallet a été transmise à la Communauté, par son légataire universel, M. le chanoine Debroise, de Rennes, le 26 août 1922.

Le lendemain, M. le Curé bénissait la petite chapelle, installée dans le salon, et le 10 septembre, il y déposait la Sainte Réserve. — Il ne manquait plus rien à la maison; le bon Dieu y résidait en personne. — Grâce aux générosités de Mme Bonvallet, grâce aux démarches réitérées de M. l'abbé Dupuis,

Beauval possédait un abri pour nos compatriotes qui en auraient besoin. La maison est petite, mais elle pourra s'agrandir, et, par la grâce de Dieu, et par les libéralités de Beauval, elle s'agrandira ! Le 6 juin 1923, Sa Grandeur, Mgr Lecomte, dont le nom signifie bonté, est venue nous en donner l'assurance. — Monseigneur, Beauval vous en remercie !

XVI. — Reims.

École Saint-Joseph, 37, rue de Venise.

Pendant douze ans, du 1er septembre 1910 au 28 juillet 1922, à part quelque temps pendant la guerre, nos Sœurs ont rempli à l'École Saint-Joseph les fonctions d'infirmière, sacristine et lingère. L'école qui renaissait est devenue depuis florissante, et nos Sœurs voyaient, non sans quelque plaisir, la besogne augmenter d'année en année. Sous la direction du R. P. Virion en particulier, un des piliers de l'école, tout s'annonçait sous les plus heureux auspices quand la guerre de 1914 éclata. On sait l'histoire de Reims et de sa cathédrale martyre, et nous n'avons pas besoin d'insister. La Sœur Saint-Michel, qui était allée à Reims dès 1910, était venue à Bacouël avec ses compagnes, pour faire sa retraite annuelle le 31 juillet 1914. Le 2 août, elle retournait seule à Reims où elle est restée, sous le bombardement, jusqu'à la fin de juillet 1915. L'école étant fermée, Sœur Saint-Michel dut quitter et elle n'y retourna qu'en avril 1919, où elle reprit ses fonctions.

L'administration ayant trouvé des Sœurs de la contrée remercia celles de notre Communauté qui revinrent le 28 juillet 1922, en faisant les meilleurs vœux pour leur belle École Saint-Joseph.

XVII. — Verrerie de Courcy, près Reims (Marne).

M. Pierre Givelet, propriétaire de la verrerie de Courcy, demanda une Sœur pour voir les ouvriers malades et leur donner quelques soins à l'occasion.

Ma Sœur de la Providence, qui a son brevet d'infirmière-major, y a été envoyée le 10 novembre 1910; devenue malade elle-même, elle fut remplacée par ma Sœur de l'Assomption en avril 1914. — Courcy étant bombardé par les Allemands dès le commencement de la guerre, la Sœur alla rejoindre ses compagnes à l'école Saint-Joseph à Reims, d'où elle revint le 14 octobre.

Ma Sœur de la Providence, revenue à la santé, était retournée le 4 août 1914 pour aider Mme la baronne de Vroïl à l'installation d'une ambulance, au château de Rocquincourt, à Loivre-Courcy. — Pendant longtemps nous n'eûmes aucune nouvelle. Des bruits circulèrent à plusieurs reprises qu'elle avait été fusillée avec la baronne.

La vérité est que le 29 novembre, elle fut emmenée par les Allemands, avec M. le Curé, avec M. le baron et Mme la baronne et un certain nombre de paroissiens de Courcy. Elle fut conduite à Pongivart (Marne), à Villiers-devant-la-Tour (Ardennes), à Nisy-le-Comte, à Montcornet (Aisne), à Tavaux (Aisne); elle resta là dix semaines au château de la générale de Sonis.

Le 16 février 1915, elle arrivait à Radstat (duché de Bade) d'où elle fut renvoyée en France, par la Suisse; elle arriva à Noisy-le-Sec le 4 mars; elle en avait été quitte pour quelques émotions un peu trop fortes, étant donné son âge et sa santé.

XVIII. — Maison du Sacré-Cœur, 5, place de la Neuville, Amiens.

Noviciat de la Communauté et Maison de retraite pour les prêtres

Cette maison du Sacré-Cœur fut d'abord la maison du V. Père Libermann et ensuite celle de la B. Mère S. Barat.

C'est là, en effet, qu'avec la permission de Mgr Mioland, qui l'avait ordonné prêtre dans sa chapelle le 18 septembre 1841, l'abbé Libermann fut autorisé à établir la Société naissante des Prêtres du Saint-Cœur de Marie, destinée à évangéliser les infidèles et les Noirs en particulier. Par un décret de la Propagande du 26 septembre 1848, cette Société fut réunie à la Congrégation du Saint-Esprit qui avait le même but, et les deux Sociétés élurent à l'unanimité le P. Libermann comme supérieur général, qui dès lors dut aller habiter le séminaire de Paris.

Il avait auparavant cédé sa maison aux religieuses du Sacré-Cœur.

Suivant acte passé devant Mes Breuil et Dournel, notaires à Amiens, les 8 et 9 mars 1847, Mmes de Causans, de Hémant et Cirier, religieuses du Sacré-Cœur, ont acquis de MM. de Brandt, aumônier de Mgr l'Évêque, Libermann, prêtre à la Neuville, et Cacheleux, aumônier des Dames de Louvencourt à Amiens, une maison de campagne, située à la Neuville-les-Amiens, sur la place, avec une chapelle récemment construite, le tout d'une contenance de 1 hectare 93 ares 31 centiares; de M. Wellet, propriétaire à Paris, 7 portions de pré; de MM. Azéronde, Boury et Cresson, 3 maisons et 47 ares de terre.

Ces Religieuses du Sacré-Cœur, comme nous l'avons dit déjà, s'étaient installées, en 1801, dans une humble maison de la rue Martin-Bleu-Dieu; en 1802 dans la rue Neuve; en 1804 rue de l'Oratoire, dans la belle et vaste demeure bâtie par la Congrégation du Cardinal de Bérulle.

Le 30 juillet 1859, Mme Barat vint visiter la maison de campagne de la Communauté; elle était heureuse de s'agenouiller dans cette maison sanctifiée par le P. Libermann et ses premiers fils; elle aimait cette campagne ainsi solitaire.

« Ah ! que ne puis-je rester là, disait-elle, et me cacher derrière le petit bois.

C'était là que les pensionnaires d'Amiens venaient les jours de congé.

Cette maison servait aussi pour un orphelinat d'une vingtaine de jeunes filles, pour un patronage, un dispensaire, pour la réunion des membres de l'Association des Dames de Sainte-Anne, tout cela sous la haute direction des Dames du Sacré-Cœur.

Il en fut ainsi jusqu'en 1904. Le 31 juillet, en vertu du décret d'expulsion, les Religieuses quittaient la Neuville et leurs chères œuvres.

Quatre années passèrent pendant lesquelles la Maison du Sacré-Cœur demeura vide, pareille à un corps sans âme, livrée sans défense par les spoliateurs à toutes les dégradations. Un jour de 1908, ce cadavre se ranima. Mgr l'Évêque d'Amiens et M. le Curé désiraient pour le quartier de la Neuville une chapelle de secours. L'école libre des filles allait se trouver sans asile. La Supérieure générale du Sacré-Cœur consentit à céder à des catholiques, munis de l'autorisation épiscopale, le bien de sa Congrégation. Une Société civile immobilière fut formée, qui obtint cette autorisation nécessaire, mais ne put acquérir qu'une partie du domaine; du moins, elle avait les bâtiments presque au complet, et le plus précieux de tous, la chapelle du P. Libermann.

Depuis, l'école libre et l'école maternelle qui lui avait été annexée par la générosité de M. l'abbé Vallage ont disparu. en revanche, les cellules des missionnaires se sont rouvertes pour les vétérans du sacerdoce.

En effet, le 9 octobre 1911, la Maison devient une Maison de retraite pour les prêtres âgés du diocèse, sous la direction de M. le Chanoine.

Trois prêtres y sont accueillis ce jour-là et seront bientôt suivis d'autres. C'est aux filles de Mère Marie-Marthe qu'appartenait l'honneur de prendre la charge de cette maison.

Ma Sœur Sainte-Austreberte en devient la Supérieure le

18 juin 1913. Les débuts sont heureux : à la fin du mois de juillet, elle conduit en pèlerinage à Lourdes une jeune fille de la paroisse Saint-Acheul, Mlle Alice Plessis, malade désespérée — arrivera-t-elle jusqu'à Lourdes? La religieuse eut le bonheur de suivre les progrès de la guérison miraculeuse comme elle avait suivi les progrès de la maladie qui allait emporter l'enfant. Alice Plessis est devenue la Sœur Marie-Bernadette, de la Communauté de Notre-Dame des Sept-Douleurs et de Sainte-Marthe, et depuis six ans, elle remplit avec bonheur et succès ses fonctions d'infirmière à la Maison de retraite de Noisy-le-Sec.

Au mois de mars 1917, Sœur Sainte-Austreberte avait été reçue première aux examens de la Croix-Rouge; il n'est pas étonnant qu'elle ait été requise pour l'Hôpital temporaire établi à l'École normale des instituteurs.

Il n'est pas plus étonnant qu'elle ait reçu du Gouvernement une distinction pour les services qu'elle y a rendus.

Du ministère de la Guerre, le sous-secrétaire d'État du Service de Santé militaire lui adressait cette lettre :

« Paris, le 1er décembre 1917.

« Madame,

« En raison de la durée et de l'assiduité des soins que vous avez prodigués à nos soldats blessés ou malades, et du dévouement de tous les instants dont vous avez fait preuve à leur égard pendant la guerre, j'ai décidé de vous décerner l'insigne spécial en bronze institué par mon arrêté du 1er mai 1917 (inséré au *Journal officiel* du 28 juillet 1917), en faveur des infirmières qui se seront particulièrement distinguées par leur mérite.

« Vous êtes donc autorisée à porter dorénavant cet insigne conformément aux dispositions de l'arrêté précité.

« Agréez, Madame, l'assurance de ma haute considération.

Justin Godard. »

« A Madame Louise Barreau,

« Infirmière de la Société Française de secours aux blessés militaires, n° 1387. »

Entre temps, le 25 septembre 1916, la tête d'un obus français lancé pour chasser les taubes tombe dans la cellule d'une religieuse qui heureusement était à son service dans la maison. Le 1er avril 1918, une bombe tombe dans le jardin, et une autre à l'extrémité ouest de l'aile gauche du bâtiment, fauchant, renversant et pulvérisant tout ce qu'elles peuvent atteindre.

Les prêtres et les religieuses avaient été évacués sur Bourdon le 26 mars; ils ne rentreront que le 27 janvier 1919.

Les soldats anglais s'emparèrent de la Maison; aussi au mois d'août 1918, il n'y a pas une porte qui n'ait été forcée, pas une serrure qui n'ait été fracturée, pas un tiroir qui n'ait été vidé, et le sol est jonché de débris de toute sorte; le bureau de M. le chanoine Vallage a été l'objet d'un examen tout spécial.

A l'armistice, l'aile gauche fut occupée par les religieuses et les pensionnaires de l'hospice d'Albert; ils y restèrent jusqu'au 26 novembre 1921.

M. le chanoine Vallage, toujours en quête d'obliger, cherchait depuis longtemps le moyen de faire passer la propriété à la société civile de la Communauté. Ce moyen, il le trouva dans son inépuisable charité, et le 30 août 1919, il faisait signer l'acte pour l'immeuble principal, le 18 septembre, pour la maison du jardinier.

Un autre événement important marqua le milieu de l'année 1920. La veille de l'Assomption, le noviciat cédait Bacouël tout entier aux religieuses en retraite, et venait prendre possession de la maison du Sacré-Cœur. Pendant plus de deux ans, à cause de l'occupation d'une partie par l'hospice d'Albert et aussi à cause des grands travaux de restauration nécessaire, le noviciat fut un peu à l'étroit. Mais à partir du mois de septembre 1922, il put s'installer au large dans de grandes salles bien aérées, bien éclairées et bien brillantes de fraîcheur. Elles admirèrent en entrant dans la salle des conférences, un tableau monumental, *La Passion*, de Le Tellier. Ce tableau dominait autrefois, magnifiquement encadré de boiseries, le rétable de l'ancienne église de Beauval. Comment le tableau est-il arrivé à la place de la Neuville? En passant par Saint-Riquier, avec son nouveau propriétaire, M. le chanoine Cauet.

Souhaitons à la nouvelle maîtresse des novices, Mère Saint-Ambroise, un long et fécond ministère. Souhaitons au noviciat de remplir les grandes salles et de faire revivre les vertus du P. Libermann.

Souhaitons aux Vétérans du sacerdoce tout le bonheur possible dans leurs appartements remis à neuf de toute pièce et où, par la volonté expresse de Monseigneur, rien ne doit leur manquer de ce qui peut les aider à traverser paisiblement et pieusement ce vestibule du Paradis !

XIX. — Mers-les-Bains (Somme).

Maison de famille.

Le 25 mai 1918, sur les instances réitérées de M. l'abbé Blériot, curé de Mers, ancien curé d'Harbonnières, les trois sœurs évacuées de la clinique du Dr Gand à Amiens, Sœur Saint-Gabriel, Sœur Saint-Gérard et Sœur Sainte-Marcelle, sont allées habiter provisoirement la villa Graziella; un peu plus tard, elles occupèrent la villa Raymonde et enfin la villa Yvonne, rue Bellevue. Elles consacraient leur temps à soigner des malades, soit chez elles, soit à domicile.

Quand elles revinrent à Amiens pour installer la clinique Saint-Joseph à la chaussée Périgord, elles cédèrent la place à ma Sœur du Saint-Nom de Jésus qui mit tous ses soins à donner à la nouvelle maison le confortable demandé par les malades ou les touristes. Un certain nombre de pensionnaires y demeurent toute l'année; à partir du mois de juin, il faudrait multiplier et élargir les appartements : quantité d'habitués de la plage aiment mieux le calme et le régime de la maison de famille que le bruit et le va-et-vient de l'hôtel.

Les Sœurs sont trop peu nombreuses, et quoi que fassent ma Sœur du Saint-Nom de Jésus et Sœur Saint-Georges, aidées par des charitables voisines, Mlle Chappe et Mlle Jeanne, secondées par des employées qui ne comptent pas avec la fatigue, elles demandent du secours que la Communauté ne peut pas leur accorder.

XX. — Clinique Saint-Joseph.

97, chaussée Périgord, Amiens.

C'est la continuation et l'extension de la clinique dite du Docteur Gand établie à la rue Martin-Bleu-Dieu depuis 1888.

Depuis déjà des années, plusieurs docteurs d'Amiens, et non des moindres, en tête le Dr Padieu, faisaient des opérations, mais il n'y avait pas de clinique proprement dite.

L'évacuation d'Amiens, à la fin de mars 1918, occasionna le transfert de la rue Martin-Bleu-Dieu à la chaussée Périgord.

Les Sœurs de la clinique, évacuées comme les autres, cherchèrent à se rendre utiles; de Rouen, où elles furent gardes-malades, pendant environ deux mois, elles se rendirent à Mers sur l'invitation de M. Dupire, conseiller général du Pas-de-Calais, qui leur offrit une maison. Là elles retrouvèrent M. Gand, et avec lui elles fondèrent, sinon une clinique, du moins une petite maison de pensionnaires-malades. Cette maison a été transférée au n° 10 de la rue Bellevue où elle fonctionne encore.

Cependant M. le Dr Gand rentra à Amiens et, après avoir exercé ses fonctions à la maison de la rue Deberly, il est allé retrouver les Sœurs à l'ancienne clinique Moulonguet, où elles s'étaient installées le 25 mars 1919, avec le généreux concours du bon M. Dupire.

C'est au mois d'octobre que la chapelle fut bénite par le R. P. Supérieur qui y dit la messe pour la première fois, et y laissa la Sainte Réserve. L'année suivante, cette même chapelle fut décorée par M. Grevet, peintre, sous la direction de M. Pierre Ansart; au mois de juin 1921, on profita de la cérémonie de l'Intronisation du Sacré-Cœur pour bénir solennellement tous les locaux.

Et aujourd'hui, la clinique, toujours sous la direction des mêmes Sœurs, secourues par deux nouvelles compagnes, est en pleine prospérité. Il n'y a rien d'étonnant pour qui sait qu'elle a à sa tête toute une famille de docteurs :

M. le Dr Charles Gand pour la chirurgie ophtalmologie.

M. le Dr Max Poissonnier, ex-assistant du Dr Calot de Berck-sur-Mer, pour la tuberculose chirurgieale et l'orthopédie Rayons X.

M. le Dr Pierre Gand, ex-interne d'otorhino-laryngologie à l'hôpital Joseph, pour les maladies du nez, de la gorge et des oreilles.

Ajoutons que la maison a les avantages de la campagne, avec un immense jardin, et que les dernières découvertes de la science médicale y sont représentées par les machines et instruments les plus perfectionnés.

Saint Joseph, protecteur de la clinique qui porte votre nom, veillez sur elle et sur tous ceux qui y travaillent, et qui y sont travaillés !

XXI. — Clinique Saint-Fuscien.

77, rue Saint-Fuscien, Amiens.

Elle est dite aussi la clinique du Docteur Caraven. Le Dr Caraven est assez connu dans la Somme et les départements limitrophes pour que nous n'ajoutions rien qui puisse paraître une réclame dont il ne voudrait pas.

La clinique était tenue en 1910 par les Sœurs Augustines d'Abbeville. Un incendie survenu le 19 décembre 1913 les a obligées à se retirer; la guerre est arrivée qui a suspendu le rétablissement. Rentré à Amiens en avril 1919, le Dr Caraven fit plusieurs opérations ici et là; mais il voulut rouvrir sa maison, et ne pouvant plus compter sur le concours des Augustines devenues trop rares, il s'adressa à la Communauté des Sœurs de Notre-Dame des Sept-Douleurs qu'il avait pu apprécier à la rue Deberly. La simplicité et le ton de franchise qu'il mit dans sa demande, la déclaration nette qu'il fit de son impossibilité d'ouvrir sa clinique sans religieuses, triomphèrent de tous les obstacles, et le 19 février 1920, Mère Saint-Philippe, chargée de l'organisation, prenait possession de la maison.

Le 23 février, le R. P. Supérieur, après avoir dit la messe à la chapelle, bénit toute la maison en présence de M. le Dr Caraven, de Mme Caraven, de M. le Curé et de M. le Vicaire de Saint-Martin.

Le 10 avril, ma Sœur du Perpétuel-Secours est placée à la tête de la maison, et tout marche pour le mieux, comme on peut faire dans une clinique bien tenue. Le succès de nombreuses et délicates opérations qui y ont été faites, l'agrandissement devenu nécessaire et qui a été réalisé, la satisfaction des clients rendus à la santé et même à la vie, nous dispensent d'en dire davantage, et nous terminons par un souhait et une prière.

Que la Clinique Saint-Fuscien soit bénie, et qu'elle reste toujours digne de son passé.

TABLE DES MATIÈRES

Impr. de Montligeon. La Chapelle-Montligeon (Orne). — 13815-10-1923.

www.ingramcontent.com/pod-product-compliance
Ingram Content Group UK Ltd.
Pitfield, Milton Keynes, MK11 3LW, UK
UKHW022057260726
13993UKWH00001B/174